頂上決戦！恐竜

最強王決定戦

編著：Creatures Journey

西東社

地球を支配した恐竜たちの 分類

鳥盤類

骨盤※が鳥の骨盤に似ている。植物食で、竜盤類より先に絶滅したグループ。現在の鳥は鳥盤類ではなく、竜盤類から進化した。

装盾類

ほかの生物の攻撃から身を守るため、皮膚や骨が頑丈に進化したグループ。鎧のような皮膚をもつ鎧竜類、するどいトゲなどをもつ剣竜類に分類される。

ステゴサウルスなど

鳥脚類

かたい植物を食べるためにアゴや歯が発達したグループ。初期は二足歩行、進化して四足歩行になった。肉食恐竜から逃げるために走力がすぐれている。

イグアノドンなど

周飾頭類

かたい頭をもつ堅頭類、ツノをもつ角竜類に大きく分かれる。いずれも肉食恐竜からの攻撃を防御するために進化した体の特徴をもっている。

トリケラトプスなど

※骨盤：お尻や腰まわりを支える骨

約2億2500万年前に地球上に出現した恐竜。その後、1億年以上にもわたって、生物最強の座をほしいままにした。彼らはとてもバラエティに富んだ姿・形をしていて、その生態もさまざまだ。ここでは、そんな恐竜たちの種類と分類を紹介する。

竜盤類

骨盤がは虫類に似た構造をしている。現在、化石が見つかっている肉食の恐竜は、すべて竜盤類に属している。

獣脚類

後ろあしが発達しており、二足歩行による移動で獲物に迫り、強力なアゴとするどい歯で狩りをする。ほとんどが肉食で巨大に進化していった。

ティラノサウルスなど

竜脚形類

ほとんどが植物食。はじめは二足歩行だったが、首と尾が発達して巨大化していく過程で四足歩行になった。頭が小さいのも特徴のひとつ。

ブラキオサウルスなど

同じ時代を生きた ほかの生物

恐竜が生きていた時代には、恐竜以外にも強くて特徴的な生物がいた。彼らもバトルに参加する!

翼竜

プテラノドンなど

魚竜

テムノドントサウルスなど

首長竜

エラスモサウルスなど

は虫類のなかま

ディノスクスなど

1億6000万年続いた 恐竜時代

恐竜が生きた

古生代	三畳紀 2億5190万年前	ジュラ紀 2億130万年前
いくつかの大陸があり、それぞれがつながっていく。	ほとんどの大陸がひとつにつながっていた。	北と南に大陸が分かれていく。

三畳紀

前期 は虫類のなかまが地球を支配していた。

中期 あしを体の真下に伸ばし、走りまわれる生物に進化。これが恐竜の誕生。小型ですばやく動ける生物が多かった。

コエロフィシス

後期 肉食、植物食の恐竜とも体を大きく進化させていく。

ヘレラサウルス

ジュラ紀

前期 は虫類やほ乳類のなかまは数を減らし、陸は獣脚類、海は魚竜が勢力を強める。

テムノドントサウルス

中期 恐竜のあらゆる種が誕生し、そのなかでも竜脚形類（竜脚類）の生息が拡大していく。

アパトサウルス

後期 温暖な気候になり、巨大化が進む。装盾類なども多様化し、恐竜時代が本格化。

アロサウルス　ステゴサウルス

地球の歴史は先カンブリア時代、古生代、中生代、新生代に大きく
分かれ、恐竜が生きたのは中生代。中生代も３つの時代に分かれ、
さまざまな恐竜が誕生した。その期間は１億6000万年。ちなみに人
類の歴史は20万年ほどしかない。

中世代

白亜紀
1億4500万年前

新生代
6600万年前

大陸が分裂していき、後期には現在に近い大陸図になる。

現在とほぼ同じ大陸図。

白亜紀

前期

獣脚類に多くのグループが出現する。鳥盤類の数も増えていく。一方で竜脚形類
は絶滅する種が増え、生き残った種はさらに巨大化。魚竜も絶滅する種が多かった。

アクロカントサウルス

バリオニクス

アルゼンチノサウルス

デイノニクス

後期

大陸ごとに生態系がつくられ、生存をかけた戦いが激しくなる。海洋生物にも巨大な
ものが現れ、空は翼竜が支配していた。

トリケラトプス

プテラノドン

モササウルス

ティラノサウルス

スピノサウルス

頂上決戦！恐竜カップ開催

恐竜が現代によみがえる

1億6000万年という長い期間、地球上の生物の頂点に君臨した恐竜は、6600万年前に姿を消した。その後、たくさんの生物が生まれては滅んできたが、恐竜をしのぐ生物はいまだに現れない。まさに史上最強の生物だ。恐竜は種類によってさまざまな特徴と強さをもっている。彼らが直接戦ったらどうなるのだろう。その答えを探るべく、本書では生きた時代や場所を超えてあらゆる恐竜を現代に集結させた。歴史には刻まれていない新たな物語が幕を開けるのだ。この戦いに勝利したものこそが"地球史上最強の生物"の称号を手に入れる！

選ばれし48の生物が集結

さまざまなグループに分類される恐竜は、体の大きさや構造、生態など、あらゆる違いをもつ。体長では30センチほどのエオシノプテリクスから、30メートルを超えるアルゼンチノサウルスまで、その差は非常に大きい。大きな生物が最強かというと必ずしもそうではなく、するどいキバやツメといった武器、走る速さやジャンプ力、なかまとのれんけいなどにより、小さな生物が大きな生物に打ち勝つこともある。大きな生物には大きいことによる強みと弱点が、小さな生物には小さいことによる強みと弱点があるのだ。本書では、さまざまな種類、大きさ、特徴をもつ代表的な恐竜48体が「恐竜カップ」の出場権を得た。その熱い戦いに目がはなせない！

エオシノプテリクス　　アルゼンチノサウルス

出場生物の生態

今大会には恐竜のほかに、同じ時代を生きた翼竜や魚竜、首長竜、は虫類のなかまなども参加している。長い期間から選ばれた生物ということもあり、それぞれの生態はさまざまだ。恐竜も含めて太古の生物ということもあり、謎につつまれている部分も多いが、発見された化石から姿や習性が日々研究されている。そのデータをもとにした恐竜たちのワザやバトルの展開は「恐竜カップ」だけのもの。この想像を超えるバトルのなかで、恐竜の特性を知れるのも、この本の大きな魅力だ！

※生物名や生態などは諸説あり、本書ではもっとも一般的と思われるものを編集部が判断し、紹介しています。

48 の出場生物のうち、大型の 16 生物がシード生物として 2 回戦から登場。1 回戦から出場する生物は、頂点に立つまでに 6 試合を勝利しなければならない。大会は全部で 47 バトルがおこなわれ、すべて引き分けはない。どのバトルも完全決着まで続けられる。実力、戦略、相性、運のすべてに勝ったものが次のバトルに進めるのだ。

生息した時代や場所がそれぞれ違うため、大会は現代の地球を舞台にした専用の場所でおこなわれる。戦場は 47 バトルすべて異なり、人間の活動エリアも含まれるが、その場所に人間は存在しない。戦場の特性がバトル展開にも大きく影響するため、戦略も重要だ。また、気候や地形、戦う時間帯もバトルごとに変わるため、決着を予想することは非常に難しい。

負けたら終わりの頂上決戦 !!

| 33 | 01 | 02 | 03 | 04 | 34 | 35 | 05 | 06 | 07 | 08 | 36 | 37 | 09 | 10 | 11 | 12 | 38 | 39 | 13 | 14 | 15 | 16 | 40 |

48生物が出場！

※組み合わせは、P16-17 で紹介。

| 41 | 17 | 18 | 19 | 20 | 42 | 43 | 21 | 22 | 23 | 24 | 44 | 45 | 25 | 26 | 27 | 28 | 46 | 47 | 29 | 30 | 31 | 32 | 48 |

デイノニクス

01
→P20

セントロサウルス
02
→P21

テムノドントサウルス
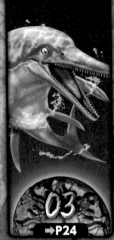
03
→P24

リオプレウロドン

04
→P25

ヘレラサウルス

05
→P28

ロンギスクアマ
06
→P29

トリケラトプス

07
→P32

ファソラスクス

08
→P33

タルボサウルス

09
→P36

オロドロメウス

10
→P37

イグアノドン

11
→P40

コエロフィシス

12
→P41

バリオニクス

13
→P44

ケントロサウルス
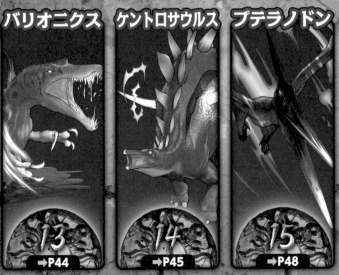
14
→P45

プテラノドン

15
→P48

ヴェロキラプトル

16
→P49

出場生物 ⑰ ≫ ㉜

ステゴサウルス	ギガントラプトル	サイカニア	カルノタウルス

17	18	19	20
➡P56	➡P57	➡P60	➡P61

パラサウロロフス	サウロペルタ	エオシノプテリクス	ルゴプス

21	22	23	24
➡P64	➡P65	➡P68	➡P69

ミンミ
ユウティランヌス
アンキロサウルス
ナジャシュ

25
➡P72

26
➡P73

27
➡P76

28
➡P77

ケツァルコアトルス
パキケファロ
サウルス
エオラプトル
アマルガサウルス

29
➡P80

30
➡P81

31
➡P84

32
➡P85

アロサウルス

33
→P90

スピノサウルス

34
→P91

デイノケイルス

35
→P96

アパトサウルス

36
→P97

トルヴォサウルス

37
→P102

ギガノトサウルス

38
→P103

モササウルス

39
→P108

エラスモサウルス

40
→P109

アランボウルギアニア

41
→P118

ティラノサウルス
42
→P119

アクロカント サウルス
43
→P124

アルゼンチノ サウルス

44
→P125

テリジノサウルス

45
→P130

デイノスクス

46
→P131

ブラキオサウルス
47
→P136

カルカロドント サウルス

48
→P137

大会の6つのルール

1 バトルは原則1対1

生態系で単独で行動している生物は、原則1頭での参戦。なかまとのれんけいや、集団行動の習性がある生物は複数参戦が認められる。なかまが生き残っていても主体となる生物が倒れた場合は負けとなる。

2 戦場のものを使用できる

木や植物、石、氷など自然界にあるものを武器として使用してもよい。建物や車など人工的なものを利用した戦い方も認められている。ほかの生物を意図的にバトルに参加させることは禁止。

3 完全決着するまで戦う

相手がバトルを続けられなくなった時点で勝利となる。戦場からはなれて戦いに戻ってこない場合は、試合放棄とみなされる。両者が戦闘不能になった場合、意識があるほうの勝利。引き分けはない。

4 負傷は回復する

すべてのバトルが実力を発揮したものになるよう、前の試合で受けた負傷は全回復する。バトル中に体力を回復させるために一時的に避難することも認められている。ただし、全回復するものではない。

番外編コラム

恐竜の生態について、最新研究により判明したことを紹介。

生存競争を勝ち抜いてきた恐竜たちがもっていたキバとツメの脅威に迫る。

5 バトルの舞台はバーチャルの戦場

舞台は現代の地球。47回のバトルそれぞれで戦場は変わる。山、川、海、草原などの自然界や、街中、観光地、施設など人間が生活する場所も舞台となる。

森林や山岳地帯

高山や火山、ジャングル、氷河地帯など、過酷な自然環境への対応力が求められる。

海や川などの水辺や水中

岸辺、沿岸、沖合など、水への適応力が試される。陸上生物の戦術も見もの。

道路や建築物のある場所

恐竜が経験したことのない人工物のある場所では、思わぬ展開が待ち受ける。

人間の身近な活動エリア

公園、学校、商店街など人間が過ごしやすい場所は、巨大な生物にはリスクだ。

6 優勝者の栄誉

負けたら終わりのトーナメント戦。最後まで勝ち抜いた生物のみに「恐竜カップ優勝者」の称号が授与される。

アロサウルス

デイノニクス

セントロサウルス

テムノドント
サウルス

リオプレウロドン

スピノサウルス

デイノケイルス

ヘレラサウルス

ロンギスクアマ

トリケラトプス

ファソラスクス

アパトサウルス

トルヴォサウルス

タルボサウルス

オロドロメウス

イグアノドン

コエロフィシス

ギガノトサウルス

モササウルス

バリオニクス

ケントロサウルス

プテラノドン

ヴェロキラプトル

エラスモサウルス

1回戦
バトル1
→P22

1回戦
バトル2
→P26

1回戦
バトル3
→P30

1回戦
バトル4
→P34

1回戦
バトル5
→P38

1回戦
バトル6
→P42

1回戦
バトル7
→P46

1回戦
バトル8
→P50

2回戦
バトル1
→P92

2回戦
バトル2
→P94

2回戦
バトル3
→P98

2回戦
バトル4
→P100

2回戦
バトル5
→P104

2回戦
バトル6
→P106

2回戦
バトル7
→P110

2回戦
バトル8
→P112

3回戦
バトル1
→P144

3回戦
バトル2
→P146

3回戦
バトル3
→P148

3回戦
バトル4
→P150

準々決勝
バトル1
→P166

準々決勝
バトル2
→P168

準決勝
バトル1
→P176

トップを

決

目指して！

勝

➡P184

準々決勝
バトル3
➡P170

3回戦
バトル5
➡P154

2回戦
バトル9
➡P120

アランボウルギアニア

1回戦
バトル9
➡P58

ステゴサウルス

ギガントラプトル

2回戦
バトル10
➡P122

1回戦
バトル10
➡P62

サイカニア

カルノタウルス

ティラノサウルス

準々決勝
バトル3
➡P170

3回戦
バトル6
➡P156

2回戦
バトル11
➡P126

アクロカント
サウルス

1回戦
バトル11
➡P66

パラサウロロフス

サウロペルタ

2回戦
バトル12
➡P128

1回戦
バトル12
➡P70

エオシノプテリクス

ルゴプス

アルゼンチノ
サウルス

準決勝
バトル2
➡P178

3回戦
バトル7
➡P158

2回戦
バトル13
➡P132

テリジノサウルス

1回戦
バトル13
➡P74

ミンミ

ユウティランヌス

2回戦
バトル14
➡P134

1回戦
バトル14
➡P78

アンキロサウルス

ナジャシュ

デイノスクス

準々決勝
バトル4
➡P172

3回戦
バトル8
➡P160

2回戦
バトル15
➡P138

ブラキオサウルス

1回戦
バトル15
➡P82

ケツァルコアトルス

パキケファロサウルス

2回戦
バトル16
➡P140

1回戦
バトル16
➡P86

エオラプトル

アマルガサウルス

カルカロドント
サウルス

17

出場生物紹介

● パラメーター
5つの能力を5段階
であらわしている。

▶ 攻撃
相手にダメージを
与える総合的な能力

▶ 防御
攻撃をはね返したり、
かわしたりする能力

▶ パワー
体の強さ・力の強さ

▶ スピード
動きの速さ・移動の速さ

▶ テクニック
特別な攻撃方法・
攻撃の種類の多さ

● 生物の名前 ※総称や通称の場合もある。

● 大きさの推定データ

恐竜 01 デイノニクス

恐竜 02 セントロサウルス

バトルスキル
アクロバティックな動きでキックの連撃!

バトルスキル
巨大な1本ツノの大集団で迎え撃つ

● バトルスタイル おもな攻撃や防御のワザ。
C ➡ B ➡ A ➡ S のレベル順で強力。
? は未知数。

● 必殺技の名前と説明

● 生物の説明

バトルページ

● トーナメントと
バトルナンバー
1回戦、2回戦、3回戦、
準々決勝、準決勝、決勝で、
各バトルナンバーが表示さ
れる。

● このバトルの注目ポイント

● 勝利者

バトル1
テイノニクス vs
セントロサウルス

怒涛の突進にスピードで立ち向かう!

● 戦う生物の名前

● 生態などのミニ解説

● 戦いのようす

デイノニクス VS セントロサウルス →P22

テムノドントサウルス VS リオプレウロドン →P26

ヘレラサウルス VS ロンギスクアマ →P30

トリケラトプス VS ファソラスクス →P34

タルボサウルス VS オロドロメウス →P38

イグアノドン VS コエロフィシス →P42

バリオニクス VS ケントロサウルス →P46

プテラノドン VS ヴェロキラプトル →P50

戦いが始まる!

1回戦

全16バトル

ステゴサウルス VS ギガントラプトル →P58

サイカニア VS カルノタウルス →P62

パラサウロロフス VS サウロペルタ →P66

エオシノプテリクス VS ルゴプス →P70

ミンミ VS ユウティランヌス →P74

アンキロサウルス VS ナジャシュ →P78

ケツァルコアトルス VS パキケファロサウルス →P82

エオラプトル VS アマルガサウルス →P86

ディノニクス

| 推定データ | ▶体長：約4m | ▶体重：約100kg |

攻撃
守備
テクニック
スピード
パワー

バトルスキル

カギヅメアタック	**A**
カミツキ	**B**
フットワークディフェス	**A**

| 必殺技 |
| ハイジャンプキック |

鎌状のカギヅメが、高いジャンプの勢いで深くささる。

アクロバティックな動きでキックの連撃！

かたい尾でバランスをとりながら、俊敏に動きまわる。とても高くジャンプすることができ、敵の攻撃はかすりもしない。カミソリのような歯での攻撃は脅威で、さらに危険なのが後ろあしにあるカギヅメだ。ジャンピングキックで相手の腹やのどなどの急所を激しく攻撃する。

セントロサウルス

推定データ ▶体長：約6m ▶体重：約2.5t

攻撃
テクニック　守備
スピード　パワー

バトルスキル

ツノアタック	A
フリルスパイク	B
鉄壁ガード	A

必殺技

ダブルアタック

なかまとれんけいして敵を追いこみ、2頭同時に体当たり。

巨大な1本ヅノの大集団で迎え撃つ

同じ場所で数千頭の化石が見つかっていることから、集団で生活していたと考えられている。とがった巨大ヅノで激しく戦い、なわばりを守る。高い防御力をもつフリルには左右に2つずつのスパイクがあり、武装は完璧だ。肉食恐竜も彼らの集団を前にしては逃げるしかない。

怒涛の突進にスピードで立ち向かう！

バトル1 デイノニクス vs セントロサウルス

土手のある河川敷

※デイノニクスは、飛行はできないが、高くジャンプできる。

① デイノニクスが高速ダッシュからジャンピングキック！しかし、セントロサウルスはフリルでなんなくガードし、突進でデイノニクスを吹きとばした。

② セントロサウルスは、土手を転がり落ちていくデイノニクスのあとを追いかけ、勢いを利用して突進！

❸ デイノニクスは川辺で立ち上がり、高速ジャンプでなんなくかわすが、なんともう1頭のセントロサウルスが現れて突進！

※セントロサウルスは複数で行動する。

※デイノニクスの後ろあしのカギヅメは、走行時は下向きだが、キックするときは上向きになる。

❹ すると、デイノニクスはよけながら、セントロサウルスのおなかをカギヅメで切り裂いた。空ぶりしたセントロサウルスは、もう1頭のセントロサウルスに激突！両者そのまま川に落水した。

デイノニクスの勝利

テムノドントサウルス

| 推定データ | ▶体長：約10m | ▶体重：15t以上 |

攻撃
テクニック　守備
スピード　　パワー

バトルスキル

ボディアタック	A
カミツキ	A
ヒレアタック	B

必殺技
ジャンピングバイト

体重をかけてかみつき、大型生物をも粉砕する。

大きな目玉で獲物を見つけて一気にかみつく！

発達した尾びれを使って高速で泳ぐことができる巨大な魚竜。約25センチの大きさの目をもっており、ねらわれた獲物はその視界から逃れられない。つかまえたらするどい歯で体を切り刻む。体を柔軟に動かしてジャンプし、勢いよく歯を敵の体にくいこませるのだ。

04 リオプレウロドン

推定データ ▶体長：7m以上 ▶体重：不明

攻撃

テクニック　　守備

スピード　　パワー

バトルスキル

ヘッドアタック	A
ヒレビンタ	B
高速移動	A

必殺技
剛力バイト
強力なアゴで一瞬で獲物をまっぷたつにする。

ティラノサウルスより強力なアゴの力

巨大な頭部をもち、口には太く長い歯がぎっしり並んでいる。アゴの力が強く、ティラノサウルス以上だといわれる。どんな大型生物でも口に入れば一瞬でまっぷたつだ。すぐれた嗅覚と巨大なヒレを使った高速移動で獲物を逃さない。体長10メートル以上という研究者もいる。

25

逃げ場なしのプールでカミツキの一撃にかける！

テムノドントサウルス vs リオプレウロドン

①
リオプレウロドンがいきなり
テムノドントサウルスの胸びれにかみついた！
すると、テムノドントサウルスは尾びれでジャンプ。

※テムノドントサウルスはシャチの
ように大ジャンプできる。

②
テムノドントサウルスは胸びれに大ダメージを受けたが、
着水の水しぶきでリオプレウロドンはプールの壁まで押しやられる。
リオプレウロドンは体勢を整えるためにいったん避難。

※リオプレウロドンのかむ力は、ティラノサウルスより強いとされる。

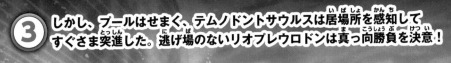

③ しかし、プールはせまく、テムノドントサウルスは居場所を感知して
すぐさま突進した。逃げ場のないリオプレウロドンは真っ向勝負を決意！

※テムノドントサウルスの目は25センチもあり、
視力にすぐれている。

④ リオプレウロドンは口を全開にして待ち受けるが、
テムノドントサウルスは直前で体をひねると同時に
リオプレウロドンの首にかみつき、
大ジャンプでキバを深くくいこませた。

テムノドントサウルスの
勝利

ヘレラサウルス

推定データ ▶体長：約6m ｜体重：約300kg

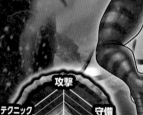

攻撃
テクニック　　守備
スピード　パワー

バトルスキル

カミツキ	B
ボディアタック	A
ツメアタック	B

必殺技

カウンタータックル

敵がバランスをくずした
すきに、瞬時に突進する。

地上をすばやくかけまわる古の支配者

最古の肉食恐竜ともいえる生物。骨が空洞になっている
ため体が軽く、スピードとスタミナがある。小型ではあ
るが、機動力にすぐれているため、ハンターとしての能
力が高い。アゴの関節がゆるいため大きく口をあけるこ
とができ、大型生物も獲物にしていた。

ロンギスクアマ

| 推定データ | ▶体長：約0.3m（翼開長） | ▶体重：不明 |

攻撃
テクニック　守備
スピード　パワー

バトルスキル

カミツキ	**A**
隠れ身の術	**B**
フットワークディフェンス	**C**

必殺技
フライングドッキリ

突然、羽を広げて敵を驚かせ、目をつぶらせる。

羽で敵を驚かせるドッキリモンスター

は虫類だが羽をもっている小さなモンスターのような生物。羽は木から飛びおりるときに使い、パラシュートのような役割があったと考えられている。この羽を獲物の前で突然広げて驚かせ、するどい歯でかみつく。とびはねるように移動し、フットワークが軽い。

バトル3

桜が舞い散る
つり橋

落ちたら終わり!? ドッキリ大作戦の結末はいかに!

ヘレラサウルス vs ロンギスクアマ

①

木の枝で待ちぶせしていたロンギスクアマが
羽を広げると、ヘレラサウルスは驚いて無防備に!
ロンギスクアマはヘレラサウルスの前あしにかみついた。

バリッ

※ロンギスクアマは、羽を広げて
敵を驚かせる習性がある。

②

怒ったヘレラサウルスは反撃しようとするも、
ロンギスクアマはつり橋のロープにとび乗って挑発。
ヘレラサウルスが追いかけようとすると、橋は左右に大きくゆれる。

30

③ そのとき、ロンギスクアマがロープからとびかかった。
よけようとしたヘレラサウルスは、バランスをくずして川へ転落！

※ロンギスクアマは、羽を広げてパラシュートの
ようにして滑空することができる。

※ヘレラサウルスは骨が軽く、
身軽に動くことができる。

④ ロンギスクアマは橋からダイブしてとどめをさそうとする。
しかし、ヘレラサウルスは立ち上がってすばやくかわし、
川におり立ったロンギスクアマを踏みつけた！

ヘレラサウルスの
勝利

トリケラトプス

推定データ	▶体長：約8m	▶体重：10t以上

レーダーチャート：攻撃／守備／パワー／スピード／テクニック

バトルスキル

ボディアタック	S
ツノアタック	A
鉄壁ガード	A

必殺技
ツノ投げ

相手の勢いを利用してツノにかけて投げとばす。

大きな2本ヅノをもつ巨大な重戦車

植物食の恐竜ではめずらしく、先のとがった歯が約100本もある。もっとも脅威なのは、頭部の左右にある1メートルにもなるツノ。低い体勢で突進してツノをつきさし、柔軟で強力な首を使って肉をえぐる。小型生物なら放り投げて一瞬でKOだ。

08 ファソラスクス

推定データ ▶体長：約10m ▶体重：不明

攻撃
テクニック　守備
スピード　パワー

バトルスキル

カミツキ	A
ツメアタック	B
ボディアタック	A

必殺技
おしっこ放水

大量のおしっこで相手の動きを封じる。

じつは強い！おしっこで絶滅した恐竜

大量におしっこをするため、乾燥した時代に体がたえられずに絶滅したとされるが、絶滅前は捕食者の頂点に立っていた。約15センチの歯をもち、強力なアゴで恐竜を捕食する。ワニのような見た目だが、あしが長いためすばやく動け、狩りの能力にすぐれていた。

バトル4

小学校の
体育館

おしっこまみれの体育館で巨体がぶつかる！

トリケラトプス vs ファソラスクス

※ファソラスクスは大量の
おしっこをする習性がある。

①

開始早々、おしっこタイム！？
ファソラスクスは余裕の様子だ。
すると、挑発にのったトリケラトプスが突進！

②

ところが、トリケラトプスはおしっこまみれの床で
すべって転倒。そのすきを逃すまいと、ファソラスクスが
トリケラトプスの首にかみついた。

③ トリケラトプスはフリルでなんとかガードしたが、深い傷を負う。
ファソラスクスは一気にしとめるため、助走をつけて猛スピードで突進！

※ファソラスクスは
あしが長いため
走力にもすぐれている。

※トリケラトプスの首についている
フリルには、盾の役割がある。

④
トリケラトプスに逃げる力はない。そのとき、
ファソラスクスが宙に浮いた。自分のおしっこで
すべってしまったのだ。トリケラトプスは無防備に
なったファソラスクスのおなかにツノを深くつきさした。

**トリケラトプスの
勝利**

タルボサウルス

推定データ ▶体長：約10m ▶体重：4t以上

攻撃
テクニック　守備
スピード　パワー

バトルスキル

カミツキ	S
ボディアタック	B
踏みつけ	S

必殺技
親子れんけい

ピンチのときに子どもの援護攻撃が発動する。

ティラノサウルスより強力なアゴで敵を粉砕

ティラノサウルスよりひとまわり小さいが、同じくらいの能力をもつ。後ろあしは規格外の太さに発達しており、アゴの強度はティラノサウルス以上といわれる。恐竜ではめずらしく子どもの化石も発見されており、親子で行動していたかもしれない。

オロドロメウス

| 推定データ | ▶体長：約2.5m | ▶体重：不明 |

攻撃
テクニック　守備
スピード　　パワー

バトルスキル

ツメアタック	B
ボディアタック	B
フットワークディフェンス	B

必殺技
ひざげり
発達した後ろあしのけりは、速くて威力が絶大。

超スピードで縦横無尽に大地をかける！

名前には「山を走るもの」という意味があり、発達した後ろあしでかなり速く走れたとされる。するどいツメで土をほって巣をつくる習性があった。そのツメも卵や子どもがねらわれたなら、攻撃の武器へと転じる。軽快なフットワークは格闘にも生かされる。

37

かいせん

バトル**5**

障害物のない
真夏の高原
しょうがいぶつ・まなつ・こうげん

スタミナ戦は一瞬のすきが命取り！
せん・いっしゅん・いのち・と

タルボサウルス VS オロドロメウス

① 突進し続けるタルボサウルスは、へとへとの状態。
オロドロメウスはあざ笑うかのように逃げ続ける。
相手をつかれさせる作戦だ。

※オロドロメウスには山をかけまわる
無尽のスタミナがある。

② しばらくしてオロドロメウスがふり返ると、タルボサウルスは
背中を向けて立ち止まっている。チャンス到来のオロドロメウスは、
ジャンプして渾身のひざげりを入れた。

③ タルボサウルスは倒れかけたが、持ちこたえる。
すると、その先の穴には卵が。なんと、オロドロメウスの巣だ!

ニヤァ…

ビタッ

アアッ

※オロドロメウスは土をほって巣をつくる。
卵の化石も発見されている。

オ
ガ
ブ
ッ

アアッ…

④ オロドロメウスは、一瞬動きの止まった
タルボサウルスにひざげりを入れようとするが、
タルボサウルスはそのあしにかみついた!
※タルボサウルスのアゴの力はティラノサウルス以上といわれる。

タルボサウルスの
勝利

39

イグアノドン

推定データ ▶体長：約10m ▶体重：約9t

攻撃
テクニック　守備
スピード　パワー

バトルスキル

ボディアタック	A
ヘッドアタック	B
集団アタック	A

必殺技

親指スパイク

親指をテクニカルに動かし、接近戦でつきさす。

5本の指でものをつかむ器用な恐竜

名前は歯がイグアナの歯に似ていることに由来する。だが、大きさはイグアナの5倍だ。前あしには5本の指があり、ものをつかむことができたという。親指にはトゲのようなするどいツメがあり、凶器になる。どっしりした体格でぶつかり、すきを見て親指をつきさす。

恐竜 12 コエロフィシス

推定データ	▶体長：約3m	▶体重：約20kg

攻撃
テクニック　守備
スピード　パワー

バトルスキル

カミツキ	A
高速タックル	B
ツメアタック	B

必殺技
高速カミツキ
はなれたところから長い首
を一瞬で伸ばしてかみつく。

獲物を急襲する二足歩行のスピード王

二足歩行の俊敏なハンター。骨が空洞になっているため
非常に身軽で、首が長いのが特徴だ。集団行動をしてお
り、なかまとれんけいして大型の生物もおそっていた。
長くてかたい尾と柔軟な首でバランスをとることで急発
進し、ねらった獲物を確実にしとめる。

41

イグアノドン vs コエロフィシス

① コエロフィシスはイグアノドンの背後から猛スピードで迫り、ツメでひっかいた！ そしてすぐさま竹林に逃げる。

※コエロフィシスは、骨の中が空洞で体が軽く、動きが速い。

② 追いかけるイグアノドン。竹と竹の幅はイグアドンの肩幅よりせまいが、なんと猛突進で竹を倒しながらコエロフィシスに迫る。

※イグアノドンは植物を食べるために、頑丈な体で草木を倒しながら移動していたとされる。

③ ところがイグアノドンは太い竹に行方をはばまれてしまう。
チャンス到来のコエロフィシスは、竹と竹の間から連続でかみつく。

※コエロフィシスは、
　首を伸ばしてかみつく。

④ 竹にはばまれて攻撃できないイグアノドンはダメージを
受けていく……。そのときなぎ倒れた竹を見つけて
前あしでつかみ、コエロフィシスにつきさした！

※イグアドンの前あしには５本の指があり、
　ものをつかむことができた。

イグアノドンの
勝利

43

バリオニクス

推定データ ▶ 体長：約10m ▶ 体重：2.5t以上

攻撃
守備
パワー
スピード
テクニック

バトルスキル

ツメアタック	B
カミツキ	A
ボディアタック	B

必殺技
ツメロック & カミツキ

湾曲したツメをつきさし、敵の動きを封じてかみつく。

どんなにかたい獲物もかみ砕く100本の歯

するどく長いノコギリのような歯を100本以上ももつ。歯にはたくさんの溝があり、かみついた獲物を逃さない。さらに前あしにカーブした25センチのカギヅメをもっており、攻撃力は抜群だ。胃袋から硬骨魚といわれる非常にかたい体の魚が発見されており、歯の威力を物語っている。

ケントロサウルス

推定データ　▶体長：約5m　▶体重：約1t

攻撃
テクニック　守備
スピード　パワー

バトルスキル

尾トゲアタック	S
尾ディフェンス	A
骨盤ガード	A

必殺技

ショルダースパイク

おそってきた敵を肩のトゲで返り討ちにする。

するどい骨板と巨大なトゲで相手を完封

首から背中にかけて7対の骨板と肩に長いスパイク（トゲ）があり、前方や横からの攻撃を完璧に防ぐ。腰から尾にかけてするどく巨大なトゲがあり、後ろにも死角はない。尾をムチのように打ちつけて、巨大なトゲを相手の体に深くくいこませるのだ。

45

バトル**7**

すべってまわって、アイスダンスバトル！

バリオニクスvs
ケントロサウルス

① 両者、氷の上で思うように動けない。
バリオニクスは横からかみつくが、
勢いがなくケントロサウルスの骨板ではね返される。

※ケントロサウルスの首から尾に
かけてある骨板はトゲ状になっている。

② バリオニクスがバランスをくずすと、今度はケントロサウルスが
尾のトゲで攻撃。しかし、こちらも勢いがなく、致命傷をあたえられない。

③ 氷上の動きに慣れてきたバリオニクスは、スピードを上げて突進。
ケントロサウルスがそれに合わせて再び尾をふると、
バリオニクスは前あしのツメを氷にさして急ブレーキ！
ケントロサウルスは空ぶりで体が回転し……。

※バリオニクスの前あしのツメは
最大で25センチもある。

④ ケントロサウルスの肩のスパイクが向かっている！
しかし、バリオニクスは頭をもち上げてかわし、
ケントロサウルスの頭にガップリかみついた！

バリオニクスの
勝利

プテラノドン

推定データ ▶体長：約8m（翼開長） ▶体重：約20kg

攻撃
テクニック　守備
スピード ―― パワー

バトルスキル

クチバシアタック	A
ボディアタック	B
空中ディフェンス	A

必殺技

ウインドスクリュー
風にのって勢いを倍増させ、ひねりを加えたクチバシ攻撃。

風をつかみ獲物をしとめる空の王者

白亜紀の空の王者。ねらうのはおもに海の生物。上空を優雅に飛びまわり、獲物を見つけたら猛スピードで滑空。するどいクチバシでとらえたら丸のみだ。骨が軽い構造で、大型でありながら風を巧みにつかんで飛行していた。また、夜にも活動できたといわれている。

ヴェロキラプトル

| 推定データ | ▶体長：約2m | ▶体重：20kg以上 |

攻撃
テクニック　守備
スピード　パワー

バトルスキル

ツメアタック	B
ツメキック	A
フットワークディフェンス	S

必殺技

ジャンピングキック

キックの連打からジャンプしてとどめの一撃。

すばやい身のこなしで敵をかく乱

人間の子どもほどの体重だが、大型恐竜を打ちのめす。その秘訣は俊敏な身のこなし。走るのが得意なためスピードで相手をかく乱し、小型ナイフのようなカギヅメを確実にヒットさせる。脳が大きかったと推測されており、知能が発達していたと考えられている。

バトル**8**

空中で激突！夜明けのアクロバティックバトル

プテラノドン VS ヴェロキラプトル

ビュオォォ

①

夜明け前。身をひそめていた
ヴェロキラプトルだったが、
プテラノドンは居場所をつきとめ、
高速で飛んでくる。

※プテラノドンは夜も活動していた
といわれている。

ズザザ

グゥァ

②

不意打ちの一撃で勝負が決まるかと思ったそのとき、ヴェロキラプトルは
なんとジャンプし、前あしのツメと後ろあしのキックでカウンター！

※ヴェロキラプトルも夜行性だったといわれている。

③ カウンター攻撃を受けたプテラノドンは、断崖から落ちていった。
ヴェロキラプトルは崖の下をのぞくが、プテラノドンの姿はない。
海に沈んだのか？　空には太陽がのぼってきている。

スッザザァァァ

ヴギャァ

ヴサッ

④
そのとき太陽の光の中からプテラノドンが現れ、
クチバシをヴェロキラプトルにつきさした。
落ちるふりをして、空に上昇していたのだ！

※プテラノドンは体が軽く、気流に乗ってスピードを高める。

プテラノドンの
勝利

巨大化の秘密に迫る！

レポート 1　原始の恐竜は小さく は虫類より弱かった!?

　恐竜といえば、ティラノサウルスやギガノトサウルスといった、巨大で強い肉食恐竜を思い浮かべる人が多いのではないだろうか。彼らは獣脚類という種類で、体長は10メートルを超える。しかし、そんな恐竜も最初から大きかったわけではなく、その祖先はとても小さな体だった。たとえば、原始の恐竜といわれるエオラプトルの化石は、全長1メートルほどしかない。

　恐竜が誕生したころは、は虫類が地球を支配しており、恐竜は獲物にされることもあったようだ。そこから、生存競争に勝つために巨大に進化していったのである。また、当時の地球は大気の酸素濃度が非常に高かったことも体が大きくなった要因だと考えられている。なんと現在の20倍近い濃さだったようだ。彼らはそのエネルギーを、体の巨大化に使ったのである。

10倍以上に巨大化！

ギガノトサウルス　約14m

エオラプトル　約1m

つり橋の構造で体を支える 巨大な竜脚形類

発見されている恐竜の化石のなかでもとくに大きいのが、アルゼンチノサウルスやディプロドクスといった竜脚形類の化石だ。化石のサイズからアルゼンチノサウルスの全長は30メートルを超えると推測されている。特徴的なのが首と尾の長さで、体長の半分は首と尾がしめる。

これだけ長い首と尾をもち上げるのには相当な力が必要になりそうだが、その秘密は彼らの骨格にかくされている。大型の竜脚形類の骨格は、つり橋と似た構造によって体を支えているのだ。つり橋は、柱から橋の端に伸びるワイヤーで全体をつっている。これと同じように、後ろあしと骨盤を柱として、靭帯がワイヤーのように伸びて、首や尾の骨をぶら下げていたのだ。首の骨は空洞になっているため軽く、バランスをとりやすくなっている。

この構造には弱点もある。つり橋に船が衝突して、橋全体が壊れてしまった事故があったが、これは竜脚形類にも当てはまる。体の一部がバランスをくずすと、全身を支えられなくなるのだ。そのため首はあまり動かすことができなかったともいわれている。巨大化にはリスクもあったのだ。

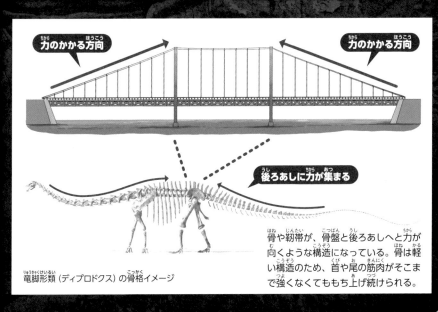

力のかかる方向

力のかかる方向

後ろあしに力が集まる

竜脚形類（ディプロドクス）の骨格イメージ

骨や靭帯が、骨盤と後ろあしへと力が向くような構造になっている。骨は軽い構造のため、首や尾の筋肉がそこまで強くなくてももち上げ続けられる。

巨大恐竜の都市伝説!?
体長60メートルの幻の恐竜

恐竜の大きさは、おもに発見された化石から推定する。現在、最も大きなものはアルゼンチノサウルスで、体調は約35メートルと推測されているが、その2倍近い大きさの恐竜がいたという説がある。この恐竜には「アンフィコエリアス・フラギリムス」という学名もつけられているのだが、最大種とは認められていない。なぜなら、骨の化石が残っていないからだ。

1878年、アンフィコエリアス・フラギリムスの背骨の一部の化石が発見た。そのときの推定では、体長は驚きの60メートル。これは中型のジェット機と同じくらいのサイズである。ところが、この化石が行方不明になってしまった。そのため、正式な記録にはならず、幻の巨大恐竜となったのである。恐竜の化石の発掘調査は現在もおこなわれているので、またアンフィコエリアス・フラギリムスの化石が見つかるのを待つしかない。

ティラノサウルスの5倍!
アルゼンチノサウルスの2倍!!

アンフィコエリアス

アルゼンチノサウルス

ジュラ紀後期にいたとされるアンフィコエリアス・フラギリムス。背骨ひとつで2メートル以上もあったといわれている。水中でも生活できたという説もあり、体長60メートルもあれば、水深が深くても頭は水面に出ていたはずだ。

レポート 4
恐竜の糞が現代に残っていた！
大きな恐竜は、うんちも巨大!?

　恐竜の化石は骨だけではない。糞の化石も見つかっている。糞の化石は「ふん石（コプロライト）」と呼ばれ、同じような見た目の石と見分けるのが非常にむずかしい。断面から動物の骨や、植物の繊維などが見つかることで糞の化石だと判断できる。

　世界最大級のふん石は、約40センチ。このふん石が見つかった地層から発見された肉食恐竜の化石がティラノサウルスのみだったことから、ティラノサウルスの糞の化石だと考えられている。便器の横幅くらいもある巨大なうんちだが、体長12メートルとも推測されるティラノサウルスの大きさからすると、そこまで巨大だとはいえないのかもしれない。ただし、化石は水分がなくなった状態のもの。排便直後のうんちは、もっと大きかったはずである。

ふん石の中からは植物恐竜の骨が見つかった。ティラノサウルスは獲物を骨ごとかみ砕いていたため、消化されなかった骨が残っていたのだ。

U.S. Geological Survey/AP/ アフロ

ティラノサウルスの
うんちの化石は40センチ！

化石からは糞のもち主はわからない

ふん石が発見された地層から、どの時代のものかは推定できるが、どの恐竜のものだったかまではわからない。ただ、ふん石の中身からなにを食べていたかがわかることもあり、恐竜の食料を知る重要な資料である。

ステゴサウルス

| 推定データ | ▶体長：約9m | ▶体重：約6t |

攻撃
守備
パワー
スピード
テクニック

バトルスキル

体当たり	B
尾ディフェンス	A
鉄壁ガード	A

必殺技
スパイクスイング
おもいきり尾をふった遠心力を利用し、トゲをつきさす。

しっぽのトゲで敵を貫く大剣竜

背中に並ぶ剣のような形の骨板が特徴的な恐竜。後ろあしが長く、尾をふりまわしやすい構造の体をしている。尾の威力はすさまじく、4本のスパイク（大トゲ）がヒットすれば、敵はひとたまりもない。急所ののどをはじめ、皮膚の下にも小さな骨があり、防御力も高い。

ギガントラプトル

推定データ	▶体長：8m以上	▶体重：2t以上

ステータス

- 攻撃
- テクニック
- 守備
- スピード
- パワー

バトルスキル

クチバシアタック	**B**
ツメアタック	**B**
後ろげり	**B**

必殺技

クチバシ乱れ撃ち

連続でクチバシをたたきつけ、反撃のすきをあたえない。

シャベルのようなクチバシをもつモンスター

発見された化石は成長過程のもので、大人になると8メートル以上になると推測される。全身が羽毛でおおわれ、見た目は巨大な鳥だ。大きなシャベルのようなクチバシ、するどい3本のカギヅメは、肉食恐竜を撃退するには十分すぎる凶器。「ラプトル」は「泥棒」の意味。

バトル9

周囲を破壊する鋭利なスパイクと巨大なクチバシ

ステゴサウルス *vs* ギガントラプトル

① ステゴサウルスは尾をふり、ギガントラプトルはクチバシでアタックするが、ともに空ぶりで車が破壊される。

② するとギガントラプトルは、ステゴサウルスの正面にすばやくまわり、前あしのツメをステゴサウルスの首にヒットさせた。

③ すると、ステゴサウルスも負けじと、ダメージを負いながらも尾をふる！
尾がギガントラプトルの後ろあしに見事にヒットし、
ギガントラプトルは、バランスをくずして転倒する。

※ステゴサウルスののどや皮膚の下には
骨があり、防御力が高い。

ゲジッャ

④ ギガントラプトルは、クチバシが車の屋根に
つきささって抜けない。ステゴサウルスは
そのすきに尾をふってとどめの一撃！

ステゴサウルスの
勝利

恐竜 19 サイカニア

| 推定データ | ▶体長：約7m | ▶体重：2t以上 |

レーダーチャート
攻撃 / 守備 / パワー / スピード / テクニック

バトルスキル

ボディアタック	A A
ナックルライアット	A A
鉄壁ガード	S

必殺技
極・ハンマー打ち
かたい尾をふって、敵の体を破壊する。

全身のコブは敵の骨をも砕く破壊力

どっしりした体格で、丈夫な皮膚の上に三角形のコブのような骨がびっしりついている恐竜。おなかやあしにもあるのが特徴だ。このコブは骨を砕けるほどかたく、防御にも攻撃にも役立つ。トゲだらけのハンマーのような尾をもち、攻撃力も高い。

カルノタウルス

推定データ	▶体長：約7.5m	▶体重：2t以上

攻撃
テクニック　守備
スピード　パワー

バトルスキル

体当たり	B
カミツキ	B
ボディディフェンス	A

必殺技

猪突猛進

敵に向かって一直線に突進し、頭のツノを打ちこむ。

無尽蔵のスタミナで獲物に突進する猛牛

目の上に牛のようなツノがあることから、名前は「肉食のオス牛」という意味をもつ。心臓と肺が大きく、長時間獲物を追って走るスタミナがあった。後ろあしが長いため、巨体のわりに走るのが速く、猛突進で相手をダウンさせる。皮膚が頑丈で防御力も高い。

バトル10 サイカニア VS カルノタウルス

打たれ強い者同士の壮絶な打ち合い

① カルノタウルスの突進に合わせ、サイカニアは尾のハンマーをたたきつけた。しかし、カルノタウルスはあまりダメージを受けていない。

※カルノタウルスの皮膚はかたくてぶあつい。

ビュ

② カルノタウルスはお返しに頭のツノをつきさそうとするが、サルカニアのガードが勝り、カルノタウルスは波止場から転落した。

※サルカニアはわき腹まで装甲板やスパイク（トゲ）でおおわれている。

③ カルノタウルスは海に落ちたかと思われたが、
釣り場のところでもちこたえていた。
そしてダイブしてくるサイカニアに立ち向かうが……。

※サイカニアの前あしには
スパイク（トゲ）が密集している。

④
サイカニアのパンチが直撃！
カルノタウルスは反撃しようとするが、
ダイブの勢いで威力が増したサイカニアの
ボディアタックにたえられなかった。

サイカニアの
勝利

63

パラサウロロフス

推定データ	▶体長：約10m	▶体重：3t以上

攻撃
テクニック　守備
スピード　パワー

バトルスキル

ボディアタック	B
ツメアタック	B
カミツキ	C

必殺技
竜の汽笛
遠くに響く鳴き声でなかまが現れてバトルに参戦。

響きわたる鳴き声が全軍突撃の合図

頭にあるトサカのような突起は骨でできており、空洞になっている。ここに鳴き声を響かせて、なかまとコミュニケーションをとるのだ。天敵から逃げきれないとなれば巨体をぶつけ、前あしと後ろあしのツメで反撃する。中型レベルの肉食恐竜であれば集団で返り討ちだ。

サウロペルタ

推定データ	▶体長：約5m	▶体重：約2t

攻撃

テクニック　　　　　守備

スピード　　　パワー

バトルスキル

尾アタック	A
鉄壁ディフェンス	A
ヘッドアタック	A

必殺技
両肩の槍

敵からの攻撃に肩のトゲで
カウンターをくりだす。

近寄るものに致命傷を負わせる攻撃的な鎧

背中から尾にかけてトゲがついた装甲板が並び、首と肩
には複数のスパイク（大トゲ）がある。首をねらった相
手はたちまち返り討ちだ。特に肩のスパイクは長く、攻
撃力が抜群。名前は「盾のトカゲ」という意味だが、防
御力よりも攻撃力が勝る武器といえるだろう。

バトル11

なかまとはさみ撃ち！ 鳴き声の合図で攻撃開始!!

パラサウロロフス vs サウロペルタ

日差しの強い
夏のひまわり畑

①

パラサウロロフスは広い肩幅で
ひまわりをなぎ倒しながら、
サウロペルタは肩のスパイク（トゲ）で
ひまわりを切り倒しながら突進。しかし、
両者は相手に気づかず、はなれていく。

②

うだる暑さで体力を消耗するサウロペルタだったが、
目の前の展望台にパラサウロロフスのなかまを発見。
すると、パラサウロロフスのなかまが大きな鳴き声をあげた。

※パラサウロロフスは頭についた突起に
　鳴き声を響かせ、なかまとれんけいする。

③

サウロペルタが攻撃をしかけようとしたそのとき、
さらに、後ろから鳴き声を聞きつけたパラサウロロフスが
ボディタックル！　そして前方のパラサウロロフスとはさみ撃ち！

※サウロペルタの背中から尾にある
　装甲板はかたく、首には左右合わせて
　6本のトゲがある。

④

勝負あったかと思われたが、パラサウロロフスのほうが
傷だらけ!?　サウロペルタの首のトゲがヒットしていたのだ。
サウロペルタは肩のスパイク（トゲ）でとどめをさした。

サウロペルタの
勝利

エオシノプテリクス

| 推定データ | ▶体長：約0.3m | ▶体重：約0.1kg |

攻撃
テクニック　守備
スピード　パワー

バトルスキル

カミツキ	**B**
ツメアタック	**A**
フットワークディフェンス	**C**

必殺技
滑空ミサイル
高いところから滑空し、ミサイルのように敵にとびこむ。

飛ぶようにして走りまわる史上最小恐竜

発見された恐竜の化石では最小で、30センチしかない。飛ぶことはできないが、前あしに翼があり、ジャンプしながら高速移動するのに役立っていた。高いところから滑空するように移動できたと考えられる。動きまわって巨大生物を手玉に取り、小さいながらもするどい歯で攻撃する。

24 ルゴプス

推定データ	▶体長：約7m	▶体重：750kg以上

レーダーチャート：攻撃・守備・パワー・スピード・テクニック

バトルスキル

カミツキ	A
ボディアタック	A
ボディプレス	A

必殺技

顔面アタック

かたい頭部を敵の体にたたきつける。

死んだ恐竜を骨ごとかみ砕く不気味な恐竜

名前は「シワのある顔」に由来する。顔がしわくちゃなのが特徴で頭はとてもかたい。また、いつも笑っているような口の形をしており、不気味な雰囲気をかもし出す。狩りが苦手で、死んだ恐竜を骨ごと砕いて食べていたと考えられている。後ろあしが長いため、走力が高い。

ミニミニ恐竜VS不気味な笑顔

バトル12 エオシノプテリクスVS ルゴプス

カーブの多い
山の下り道

① 道路で待ちかまえるルゴプスがふり向くと、道路わきの木からエオシノプテリクスが不意打ちでダイビングアタック！目にヒットするが、ルゴプスは平気なのか、笑っている!?

※ルゴプスの顔の皮膚はかたい。口がニッコリした形状になっているため、常に笑顔に見える。

② エオシノプテリクスはすぐさま逃走。ルゴプスは追いかけながら後ろあしで何度も踏みつぶそうとする。しかし、片目をケガしてねらいが定まらず、すべてかわされる。

※ルゴプスは後ろあしの筋肉が発達しており、走力が高い。

③ 両者、下り坂でスピードアップ！ ルゴプスはねらいを定めて踏みつぶそうとするが、急カーブにさしかかり、激しく転倒。それに巻きこまれたエオシノプテリクスもふき飛ばされた！

※エオシノプテリクスは飛行できないが、高くジャンプができる。

④ ルゴプスがとどめをさそうと立ち上がりかけたそのとき、エオシノプテリクスは一か八かでとびつき、もう片方の目にかみついた。両目をケガしたルゴプスは試合続行不可能となった。

エオシノプテリクスの勝利

ミンミ

| 推定データ | ▶体長：約2m | ▶体重：200kg以上 |

攻撃
テクニック　守備
スピード　　パワー

バトルスキル

ボディアタック	**B**
集団ボディアタック	**A**
弾丸アタック	**B**

必殺技
鉄壁ガード

かたいコブでできた鎧で全身を守る。

全身防御の鎧をまとった小さな鎧竜

オーストラリアで独自に進化した鎧竜。丸い形のかたいコブが首から背、尾にかけてだけでなく、おなかやあしの一部、さらに顔までついている。まさに全身に鎧をまとった恐竜だ。鎧竜のなかでは最小で、あしが長く走るのが得意なので機動力にもすぐれている。

ユウティランヌス

| 推定データ | ▶体長：約9m | ▶体重：約1.5t |

攻撃
テクニック　守備
スピード　パワー

バトルスキル

カミツキ	**A**
ボディアタック	**B**
羽毛ガード	**B**

必殺技

スリーピースクロー

暴れまわるように3本のツメをふり続ける。

全身に羽毛をもつモフモフの暴れん坊

大型の恐竜ではめずらしく全身に羽毛をもつ。十数センチにもなる羽毛は寒さからだけではなく、敵のツメや歯による攻撃からも体を守る。ティラノサウルスのような強力な歯とアゴをもち、前あしには3本のツメがある。見境なく暴れまわる気性の荒い恐竜だ。

バトルが急展開? 雪の力でパワーアップ!

バトル13 ミンミVS ユウティランヌス

ジャンプ台のあるスキー場

※ユウティランヌスは羽毛をもつ恐竜では最大とされ、羽毛には防御の役割もある。

① 吹雪の中から突如、ミンミが現れてボディタックル。ユウティランヌスはダウンするが、雪のクッションでダメージは小さい。

② すぐに立ち上がったユウティランヌスに、ミンミが再びボディアタック。しかし、ユウティランヌスはダメージを負いながらもはね返した。

※ミンミは全身が装甲板や突起物でおおわれている。

③ ユウティランヌスの前ヅメの攻撃から
逃げる一方のミンミは、体力がうばわれていく。
そのとき、ジャンプ台から大きな雪玉が落ちてきた。

④
ユウティランヌスは雪玉にかみついて
受け止めようとするが、後方に倒れて失神。
もう1頭のミンミがあしをすべらせて転げ落ち、
巨大な雪玉になっていたのだ！

ミンミの
勝利

75

恐竜 27 アンキロサウルス

| 推定データ | ▶体長：約6m | ▶体重：3t以上 |

攻撃
テクニック　守備
スピード　パワー

バトルスキル

尾アタック	A
頭つき	A
鉄壁ガード	S

必殺技
尾の鉄槌

尾の先端のハンマーのひとふりで肉も骨も砕く。

凶悪なハンマーを尾にもつ重戦車

おなかとあし以外はすべてかたい装甲板でおおわれていて、鉄壁の防御力をほこる。体高が低く、どんな攻撃でもバランスをくずさない。最大の武器は尾の先端にある、巨大なハンマーのような骨の塊。勢いよく尾をふって相手にぶつけることで、一撃でノックアウトさせる。

恐竜 28 ナジャシュ

| 推定データ | ▶体長：約2m | ▶体重：不明 |

攻撃
テクニック　　守備
スピード　　パワー

バトルスキル

カミツキ	**B**
巻きつき	**B**
待ちぶせアタック	**A**

必殺技
死んだふり

まったく動かなくなり、相手の油断を誘う。

するどい歯をもつあしの生えた古のヘビ

ナジャシュはヘビの祖先で、2メートルの巨体に後ろあしをもつ。現在のヘビは進化の過程であしが消滅した。口が大きく開き、するどい歯で獲物をしとめる。大型生物には巻きついて攻撃していたと考えられている。毒の有無は判明していない。

77

ずるがしこいヘビの不意打ちにご用心！

バトル14 アンキロサウルス vs ナジャシュ

巨大ツリーが
輝くレンガ倉庫

① 暗闇に身をひそめていたナジャシュは、
アンキロサウルスの尾にかみついた。
アンキロサウルスは尾を激しくふって抵抗する。

② 尾がツリーにぶつかると同時に、電飾が点灯。
ナジャシュはとっさに口をはなしてふき飛ばされる。
光に照らされ、ナジャシュの姿は丸見えだ。しかし、
アンキロサウルスの尾は、ツリーにぶつかってダメージを受けた。

※ヘビ類のなかには死んだふりをして
危険を回避するものがいる。

ギロ

③

ナジャシュはあお向けになって失神している!?
アンキロサウルスが確認しようとしたそのとき、
ナジャシュが突然、顔にかみついた!

④

さらに長い体でアンキロサウルスの首を締めつける
ナジャシュ。しかし、アンキロサウルスは
その状態のまま頭を地面にたたきつけた!
ナジャシュは泡をふき、今度は本当に失神した。

※アンキロサウルスの頭は装甲板で守られている。

アンキロサウルスの
勝利

ケツァルコアトルス

| 推定データ | ▶体長：約10.5m（翼開長） | ▶体重：約200kg |

攻撃
テクニック　守備
スピード　パワー

バトルスキル

カミツキ	A
クチバシミサイル	S
ツメアタック	B

必殺技

ツバサバサバサ

巨大な羽ではばたき、風圧で相手の動きを封じこめる。

時速170キロで飛行する巨大な翼竜

体高がキリンほどもあり、翼を広げると大型バス2台分の幅があるという巨体な翼竜。飛行速度もすさまじく、時速170キロともいわれるスピードで地上の生物をねらう。小さな恐竜は一瞬でクチバシにくわえられ、上空に連れ去られる。地上を歩くこともできたという。

パキケファロサウルス

推定データ	▶体長：約5m	▶体重：450kg以上

攻撃
テクニック　守備
スピード　　パワー

バトルスキル

ヘッドアタック	A
フットワークディフェンス	A
尾アタック	B

必殺技
石頭カウンター

攻撃してきた敵の歯やツメ
をかたい頭で打ち砕く。

極厚の骨の頭部をもつ石頭恐竜

盛り上がった頭頂部は、25センチのぶあつくかたい骨
でできている。首の構造から攻撃に使われなかった説も
あるが、敵に大ダメージをあたえる武器だった可能性が
高い。体が軽く、後ろあしが長く発達しているため俊敏
に動けた。顔のトゲも攻撃の威力を高める。

空からの落下物にご用心!?

バトル15 ケツァルコアトルス vs パキケファロサウルス

夕陽に染まる
ビーチ

ヒュウウウオオオオ─────

① 海から大きな影が近づいてくる。
パキケファロサウルスは警戒してヤシの木の下に避難。
ケツァルコアトルスはいったん上昇する。

コオオ

※パキケファロサウルスは、頭から
顔の一部までがドーム状になっており、
とてもかたい。

ワエッ

② ほっとするパキケファロサウルスだったが、その直後、頭に大きな衝撃が！
ケツァルコアトルスは、ヤシの実をクチバシで落とすのがねらいだったのだ。
しかし、ヤシの実はパキケファロサウルスの頭のガードで粉々に。

③ 再びケツァルコアトルスが突進。今度はパキケファロサウルスに一直線だ。パキケファロサウルスは間一髪でかわすと、ケツァルコアトルスのクチバシは、砂浜にめりこんだ。そのすきをついて、今度はパキケファロサウルスが尾をふって反撃だ！

※ケツァルコアトルスは歯がないが、頭を含めたクチバシの大きさは約3メートルもあり、獲物を丸のみする。

④ さらにパキケファロサウルスはとどめの頭つき！ところがケツァルコアトルスは、攻撃を受ける直前にクチバシを抜き、そのままかみついた！

ケツァルコアトルスの勝利

83

エオラプトル

| 推定データ | ▶体長：約1m | ▶体重：約10kg |

攻撃
テクニック　守備
スピード　パワー

バトルスキル

ツメアタック	B
カミツキ	B
フットワークディフェンス	A

必殺技
瞬速カミツキ
首を柔軟にすばやく動かして連続でかみつく。

フットワークとカミツキの応酬で敵を倒す

小型ながら運動能力が高く、活発に動きまわり敵をかく乱する。前あしにある小型のツメとカミソリのような歯で何度も攻撃する。大型の恐竜に戦いを挑む小型恐竜の代表格。首が柔軟に動くため、カミツキ方も変幻自在。相手はその動きに対応できない。

32 アマルガサウルス

| 推定データ | ▶体長：約9m | ▶体重：約6t |

攻撃
守備
テクニック
スピード　パワー

バトルスキル

ボディアタック	B
トゲディフェンス	A
尾アタック	B

必殺技

ヘッドシェイク

発達した首を上下左右に
ふって頭をぶつける。

背に長いトゲをもつ龍のような謎の恐竜

長い首にはトゲのようなとがった骨がならび、腰から尾にかけては帆のような突起をもつ。その生態は謎につつまれているが、これらの骨は身を守るための防御の役割をもっていたとされる。トゲは発達したもので50センチ近くもあり、相手にとっては脅威だろう。

バトル**16**

小さな体でどう戦う？ 巨体になにかが立ちはだかる！

エオラプトル vs アマルガサウルス

歩道橋のある
広い道路

カプッ

①
街路樹から道路にとび出したエオラプトルは、
アマルガサウルスの後ろあしにしがみつき、かみついた。
アマルガサウルスは流血するあしをふってふき飛ばした。

※エオラプトルの歯は
カミソリのようにするどい。

タッ

②
すると、エオラプトルの姿が消えた。アマルガサウルスはあたりを
見わたしながら歩く。すると、歩道橋を通過したそのとき、
歩道橋からエオラプトルがアマルガサウルスの頭にとびかかる！

※アマルガサウルスの高さは3メートル以上になる。

③ アマルガサウルスは首をふってたたき落とそうとするが、エオラプトルは首のトゲにつかまってもちこたえた。そして一か八かの勝負に！ 前あしでアマルガサウルスの目をふさいだのだ。

※アマルガサウルスのトゲは長いもので50センチもある。

ゴオオオオオ

ドゴォッ

④ パニックになったアマルガサウルスは体をねじり、首を大きくスイング。すると頭が歩道橋に激しくぶつかり、そのまま失神した。

エオラプトルの勝利

計16バトル  1回戦 結果発表

バトル1	● ディノニクス	VS	● セントロサウルス
バトル2	● テムノドントサウルス	VS	● リオプレウロドン
バトル3	● ヘレラサウルス	VS	● ロンギスクアマ
バトル4	● トリケラトプス	VS	● ファソラスクス
バトル5	● タルボサウルス	VS	● オロドロメウス
バトル6	● イグアノドン	VS	● コエロフィシス
バトル7	● バリオニクス	VS	● ケントロサウルス
バトル8	● プテラノドン	VS	● ヴェロキラプトル
バトル9	● ステゴサウルス	VS	● ギガントラプトル
バトル10	● サイカニア	VS	● カルノタウルス
バトル11	● パラサウロロフス	VS	● サウロペルタ
バトル12	● エオシノプテリクス	VS	● ルゴプス
バトル13	● ミンミ	VS	● ユウティランヌス
バトル14	● アンキロサウルス	VS	● ナジャシュ
バトル15	● ケツァルコアトルス	VS	● パキケファロサウルス
バトル16	● エオラプトル	VS	● アマルガサウルス

体の大きさで勝敗は決まらない！

1回戦では体格差の大きい生物同士の戦いが目立った。しかし、体長が大きいほうが8勝、小さいほうが8勝と、必ずしも体格差によって勝敗が決まるものでないないことが証明された。決着のほとんどは、相手の攻撃をかわしてからの一撃だった。

また、サウロペルタやミンミのように体を鎧でおおった生物は、防御によって相手にダメージを負わせるという戦い方が功を奏した。しかし、2回戦から登場する生物は、すべて11メートル以上の巨体。一撃の威力も格段と高くなるため、防御力がどこまで通じるかは予測できない。

アロサウルス VS ディノニクス ➡P92

スピノサウルス VS テムノドントサウルス ➡P94

デイノケイルス VS ヘレラサウルス ➡P98

アパトサウルス VS トリケラトプス ➡P100

トルヴォサウルス VS タルボサウルス ➡P104

ギガノトサウルス VS イグアノドン ➡P106

モササウルス VS バリオニクス ➡P110

エラスモサウルス VS プテラノドン ➡P112

戦いが始まる！

2回戦 全16バトル

アランボウルギアニア VS ステゴサウルス ➡P120

ティラノサウルス VS サイカニア ➡P122

アクロカントサウルス VS サウロペルタ ➡P126

アルゼンチノサウルス VS エオシノプテリクス ➡P128

テリジノサウルス VS ミンミ ➡P132

デイノスクス VS アンキロサウルス ➡P134

ブラキオサウルス VS ケツァルコアトルス ➡P138

カルカロドントサウルス VS エオラプトル ➡P140

33 アロサウルス

| 推定データ | ▶体長：約12m | ▶体重：3t以上 |

攻撃
テクニック 守備
スピード パワー

バトルスキル

ヘッドアタック	A
ボディアタック	A
ボディプレス	A

必殺技
肉斬りキバ
何度もかみついて、相手に
ダメージをあたえていく。

するどく大きな歯をもつジュラ紀の捕食者

ティラノサウルスより少し小さい肉食恐竜。化石からス
テゴサウルスのスパイク（トゲ）のあとが見つかってお
り、同じ時代に死闘をくり広げていたことがうかがえ
る。ステーキナイフのようなギザギザな歯で獲物を切り
裂く。深い傷を負わせる必殺の凶器だ。

スピノサウルス

推定データ　▶体長：約15m　▶体重：10t以上

攻撃
テクニック　守備
スピード　パワー

バトルスキル

カミツキ	A
尾アタック	A
ボディアタック	S

必殺技

ギガクローバイト

ツメをつきさして動きを封じ、強くかみつく。

陸でも水中でも戦える最大級の肉食恐竜

陸生の肉食恐竜では最大級の巨体をほこる。3本のするどいカギヅメと、ワニの歯のような円すい形の歯で敵の息の根を止める。生活の中心は水辺。尾が非常に発達しており、この尾を使って水中を移動することもできた。水陸で圧倒的なパワーと多彩な攻撃をくり出す。

強敵を前にアクロバティックプレイで応戦！

バトル1

アロサウルス vs デイノニクス

桜舞う
お城と庭園

①

いきなりアロサウルスが低い姿勢で突進。
デイノニクスは忍者のように俊敏にかわすと、
アロサウルスは頭から桜の木に激突！

※デイノニクスの後ろあしの
カギヅメは、走行時は下向きで、
キックのときは上向きになる。

② 体高が約6メートルもあるアロサウルスにとって桜は目の下。
桜で地上の視界がふさがれたその瞬間、
デイノニクスがアロサウルスの後ろあしにカギヅメ攻撃！

③ アロサウルスは痛みにたえながら、桜の木ごとかみついて反撃！デイノニクスは間一髪のところで逃れる。

バリバリ

ぐおお

グサッ

ギューン

④ 怒りマックスのアロサウルスは続けざまに突進。逃げるデイノニクスは石垣に追いこまれるが、なんと石垣をジャンプ台にして、後ろ宙返りからカギヅメをつきさした！

デイノニクスの勝利

バトル**2**

スワンボートが
浮かぶ池

10メートルオーバー同士が水中で正面激突!

スピノサウルス vs テムノドントサウルス

ざば

ドワオォォ

ざば

① テムノドントサウルスがスワンボートを
なぎ倒しながら岸辺に接近。
スピノサウルスは待ちかまえる。

※テムノドントサウルスは
　シャチのように大ジャンプできる。

ブワァッ

②
スピノサウルスは陸上を移動し、水面にうつる
テムノドントサウルスの影をたよりにねらいを定め、
橋から大ジャンプ! するとテムノドントサウルスも
同時に水中からジャンプ!

③ テムノドントサウルスはスピノサウルスの前あしにかみつくが、スピノサウルスは巨体を押しつけながら、もう片方の前あしのツメをテムノドントサウルスの目につきさした。

④ テムノドントサウルスは反撃しようと突進するが、横にそれている！？ テムノドントサウルスは片目を負傷し、方向感覚を失っているのだ。スピノサウルスはそのすきをついてテムノドントサウルスの首にかみついた！

スピノサウルスの**勝利**

95

ディノケイルス

推定データ ▶体長：約11m ▶体重：約6.5t

攻撃
テクニック　守備
スピード　　パワー

バトルスキル

前あしパンチ	B
クチバシアタック	A
ボディアタック	A

必殺技

カギヅメ連打

カギヅメで体を切り裂くように何度も攻撃する。

長い前あしにもつおそろしいカギヅメ

発達した後ろあしは強靭で、爆発的なスピードを生み出す。長い前あしを伸ばして、するどい3本のカギヅメで攻撃するのが特徴。名前は「おそろしい手」を意味する。するどいクチバシももっており、すばやく敵を追いつめてクチバシとカギヅメでノックアウトする。

推定データ ▶体長：約21m ▶体重：約20t

攻撃
テクニック　守備
スピード　パワー

バトルスキル

ヘッドアタック	S
尾アタック	A
カミツキ	B

必殺技
ボディプレス

巨体で相手にのしかかり、
地面に押しつぶす。

どんな攻撃もよせつけない圧倒的な安定感

ブラキオサウルスやアルゼンチノサウルスと比べて首が太いのが特徴で、体の重さはなんと約20トン。群れでくらし、森の木の葉を食べていたという。6メートルの首、11メートルの尾をもち、攻撃されれば肉食恐竜も大ダメージを受ける。圧倒的な巨体で敵を寄せつけない。

ノンストップ！ 高速パンチVS高速フットワーク

デイノケイルスVS ヘレラサウルス

火山の
火口のほとり

①

デイノケイルスは前あしのカギヅメで連続攻撃！
ヘレラサウルスはダメージを受けながらも
フットワークでよけ続ける展開。

※デイノケイルスの前あしは
2メートル以上もあり、
3本のするどいツメをもつ。

②

怒ったヘレラサウルスは高速で動き、かみつこうとするが、
火口からの煙が風で流れてきて動きが止まる。その瞬間、
デイノケイルスのカウンターパンチが入った！

❸ ダウンしたヘレラサウルスはなんとか立ち上がって逃げるが、ダメージがたまってスピードが出ずに火口のふちまで追いつめられる。落ちたら終わりだ。そして……。

❹ デイノケイルスはとどめのクチバシアタック！しかし、ヘレラサウルスは横にすばやくステップ。攻撃をかわされたデイノケイルスは、火口に落ちていった。

ヘレラサウルスの勝利

意外な落とし穴にご用心！湿原で真剣勝負!!

バトル**4**

アパトサウルス **VS** トリケラトプス

あし場の悪い
湿原地帯

①

バトルの開始早々、トリケラトプスが突進！
しかし、湿原ではスピードを出すことができず、
アパトサウルスのキックではじき飛ばされてしまう。

※アパトサウルスの首は
6メートルもあり、太い。

グゥ…ッ

②

さらにアパトサウルスが巨大な首をスイングすると、
トリケラトプスはその動きにツノを合わせた。見事にヒットしたが、
すさまじいパワーで、またしてもはじき飛ばされてしまう。

③ ツノの攻撃でダメージを受けたアパトサウルスは、早い決着をねらって突進。しかし、直前で動きが止まった……。そして、体がどんどん沈んでいく。なんと底なし沼だったのだ！

ズ……ブ……ズブ……

ブォォォ

ドゴッ!!

④ 身動きがとれないアパトサウルスは、それでも首をふりまわす。するとトリケラトプスは、アパトサウルスの体に乗って、今度は全体重をかけてツノをつきさした!!

トリケラトプスの勝利

トルヴォサウルス

推定データ ▶体長：約12m ▶体重：2.5t以上

攻撃
テクニック　守備
スピード　パワー

バトルスキル

カミツキ	A
ツメアタック	A
ボディアタック	S

必殺技
巨顔タックル

低い体勢で突進し、巨大な頭からつっこむ。

ジュラ紀最大級＆最強の獰猛な肉食恐竜

名前には「獰猛」という意味があり、ジュラ紀の地上の頂点に立っていた。頭蓋骨だけで1.6メートルもあり、太くて強力なナイフ型の歯をもっている。白亜紀のティラノサウルスに匹敵する体格で、するどいカギヅメをもつ前あしは、こちらのほうが発達している。

38 ギガノトサウルス

| 推定データ | ▶体長：約14m | ▶体重：7.5t以上 |

攻撃
テクニック / **守備**
スピード — **パワー**

バトルスキル

カミツキ	A
ボディアタック	S
押さえこみ	S

必殺技

キガバイト

かみついたのち、顔を左右に
ふって切りきざむ。

時速50キロで暴れまわる、巨大な肉食恐竜

ティラノサウルスよりも大きい巨大な肉食恐竜。前あし
にあるするどい3本のツメと、ステーキナイフ状の切れ
味のするどい歯が最大の武器。巨体にもかかわらず、時
速50キロで走ることができるので、逃げきれる生物は
ほとんどいない。巨体で獲物を踏みつぶすこともある。

夕暮れの
極寒地帯

氷上の"ガチンコ"すもう対決！

トルヴォサウルス vs タルボサウルス

① 両者、頭をぶつけて押し合う！ 体重が重い
タルボサウルスが押しこんでいくと、
地面がひび割れていく……。ここは流氷の上だった。

② 両者、いったんはなれて場所を移動すると、そこへタルボサウルスの
子どもが突進。トルヴォサウルスは前あしのツメをふりかざすが、
タルボサウルスの子どもは俊敏にかわして、トルヴォサウルスの股の間を通過！

※タルボサウルスの子どもは2メートルほどですばやく動ける。

③ トルヴォサウルスが頭を下げた瞬間、タルボサウルスがかみついた！
その衝撃で地面にヒビが入っていく……。

ビキ
ビキ

グゥ

※トルヴォサウルスの前あしには
するどい3本のツメがある。

ズリャ

ブギ
ギャ
ア

④
ついに地面の氷が割れた。
両者、あしをとられてバランスをくずす。
その瞬間、トルヴォサウルスのツメが
タルボサウルスの胸にヒット！！

トルヴォサウルスの
勝利

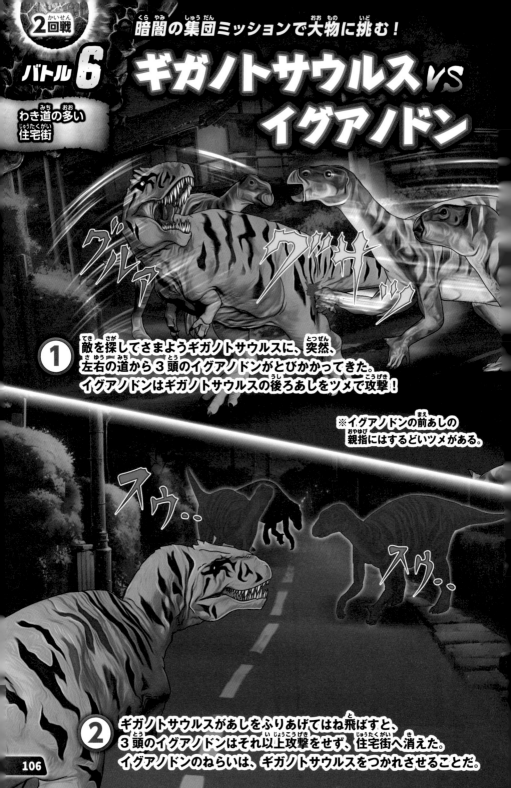

2回戦

暗闇の集団ミッションで大物に挑む！

バトル6

ギガノトサウルス vs イグアノドン

わき道の多い住宅街

① 敵を探してさまようギガノトサウルスに、突然、左右の道から3頭のイグアノドンがとびかかってきた。イグアノドンはギガノトサウルスの後ろあしをツメで攻撃！

※イグアノドンの前あしの親指にはするどいツメがある。

② ギガノトサウルスがあしをふりあげてはね飛ばすと、3頭のイグアノドンはそれ以上攻撃をせず、住宅街へ消えた。イグアノドンのねらいは、ギガノトサウルスをつかれさせることだ。

③ 暗闇では見つからないだろうと思ったイグアノドン。
しかし、ギガノトサウルスは近くまで迫っていた。そのとき、
住宅の玄関照明の自動センサーで周囲が照らされた。

※ギガノトサウルスは嗅覚がすぐれており、
獲物を見つけるのが得意。

④ 3頭のイグアノドンは同時に攻撃しようとするが、
時すでにおそし。ギガノトサウルスは2頭をふき飛ばし、
最後の1頭にかみついてしとめた。

ギガノトサウルスの
勝利

モササウルス

推定データ ▶体長：約17m ▶体重：30t以上

攻撃
テクニック　守備
スピード　パワー

バトルスキル

ボディアタック	S
カミツキ	S
尾びれアタック	A

必殺技
回転バイト

かみついて体をひねり、キバを敵の体にくいこませる。

圧倒的な巨体で海を制する絶対王者

頭部だけでも人間ほどの大きさがある巨大な魚竜。ずらりと並んだ巨大な円すい形の歯で、獲物を一瞬でしとめる。ヒレが進化しており、水中で急発進することができたと考えられる。サメに似た尾ビレを使って泳ぎ、ワニのように獰猛に獲物をかみちぎる。

エラスモサウルス

推定データ ▶体長：約14m ▶体重：不明

攻撃
テクニック　守備
スピード　パワー

バトルスキル

カミツキ	A
首巻きつき	B
ヒレアタック	B

必殺技

遠方カミツキ

はなれた場所から首を伸ばして一気にかみつく。

変幻自在の長い首を伸ばして一気におそう

体の半分もの長さがある首には、70個以上の骨があるとされ、自由自在に動かすことができた。ゆっくり泳ぎながら獲物が射程距離に入ると、一気に首を伸ばしてするどい歯でかみつく。翼竜を食べたとされる化石も発見されており、水面から顔を出して獲物をおそっていたと考えられる。

109

海の王者にどう挑む？水際の壮絶バトル！

街に囲まれた
人工湾

モササウルスvs バリオニクス

①
モササウルスが岸に近寄ってきた！
バリオニクスは岸から飛びついて
ツメをつきさし、かみついた‼

※バリオニクスの前あしのツメは、
25センチもある。

※バリオニクスは水深の
浅いところでは移動できる。

②
しかし、モササウルスは体を回転させて引きはなした。
バリオニクスは対岸の浜辺を目指して逃げる。
ダメージを負ったモササウルスは、それを必死に追う！

③ 陸まではもう少しだが、モササウルスのスピードが勝った。
モササウルスのボディアタックでバリオニクスがふき飛ぶ。
しかし、水深が浅いためモササウルスの動きが急に悪くなる。

※モササウルスのかむ力は、
ワニやシャチの数倍もあると
いわれている。

④ 立ち上がったバリオニクスは余裕の表情で近づき、
かみつこうとした。しかしその瞬間、モササウルスは
尾で水底をキックして体をひねらせ、かみついた！

**モササウルスの
勝利**

バトル8

砂丘のある (さきゅう)
海岸と荒波の海 (かいがん あらなみ うみ)

海面で激突！ 嵐が勝敗を左右する!? (かいめん げきとつ あらし しょうはい さゆう)

エラスモサウルス vs プテラノドン

①

水面に浮上して呼吸をしているエラスモサウルス。(すいめん ふじょう こきゅう)
プテラノドンは突進するが、(とっしん)
砂嵐でバランスをくずしてしまう。(すなあらし)

※エラスモサウルスは肺呼吸で水面に (はいこきゅう すいめん)
　顔を出して呼吸すると考えられている。(かお だ こきゅう かんが)

②

気配を感じたエラスモサウルスは、(けはい かん)
強烈な首ふりアタック！ 見事にヒットするが、(きょうれつ くび みごと)
プテラノドンはなんとかもちこたえて上空へ。(じょうくう)

※エラスモサウルスの首には、(くび)
　骨が 72 個もあり、自在に動かせる。(ほね こ じざい うご)

③ プテラノドンのチャンスは、エラスモサウルスが水面に浮上した一瞬だけ。
しばらくして砂嵐はおさまり、プテラノドンは
沖へと進むエラスモサウルスの影をとらえた。

※エラスモサウルスは、泳ぐときは
首をまっすぐに伸ばしている。

※プテラノドンは気流に乗ると、
飛行スピードが高まる。

④ プテラノドンは気流にのって再び突進。
水面に浮上したエラスモサウルスは、
今度はかみつこうと口をあける！ しかし、
プテラノドンはクチバシでその口をつきさした!!

プテラノドンの
勝利

113

鳥と恐竜の関係に迫る!

レポート 1 鳥は現代に生きる恐竜? 鳥と恐竜の意外な関係

「恐竜は絶滅した」というのが常識だが、考え方によっては、恐竜は生き残っている。なぜならば、恐竜から進化したのが、現在の鳥類だからだ。進化の過程で「ここまでが恐竜で、ここからは鳥」という線引きはできないため、ある意味で鳥類は恐竜といえる。

ここで知っておきたいのが、鳥類が恐竜のなかの獣脚類という種類から進化したということ。大きな翼をもつケツァルコアトルスやプテラノドンな

どの翼竜は、じつは鳥類の祖先ではない。鳥類の翼は前あしに生えている羽毛によってできているが、翼竜の翼は皮膚の膜なのだ。鳥類の翼は、デイノニクスやヴェロキラプトルなど獣脚類の一部がもつ「飾り羽」と呼ばれるものが進化したものだと考えられている。また、獣脚類の一部には「叉骨」という骨がある。これは、現代では鳥類のみにあるもので、同じ祖先をもつことの決定的な証拠といわれている。

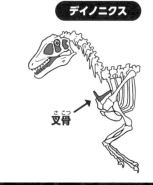

鳥類　**デイノニクス**

叉骨

叉骨

叉骨は胸もとにある骨。左右の鎖骨がつながってひとつになっており、翼を動かすときにバネのようにはたらく。この骨はほかの生物には存在しない。

レポート 2
鳥の祖先と考えられていた「アーケオプテリクス」

「始祖鳥」の名で知られるアーケオプテリクスは、その名のとおり鳥類の祖先だと考えられていた。もともと体温調節の役割をもっていた羽毛を、飛ぶために使用した原初の鳥として有名だ。しかし、近年の研究で鳥類の直接の祖先ではないことが判明した。

アーケオプテリクスが発見された1861年当時、「羽毛をもつ＝鳥類」という考え方が常識だった。しかし1990年代以降、中国などで羽毛をもつ恐竜がたくさん発見され、その常識はくつがえされることに。アーケオプテリクスの立ち位置はあいまいになった。現在では、アーケオプテリクスも鳥類も同じ祖先をもつが、アーケオプテリクスが鳥の直接の始祖ではないということになっている。

ちなみに、アーケオプテリクスは筋肉量が不足していて、滑空はできても飛ぶことはできなかったのではないかと考えられている。

アーケオプテリクス

前あしに指がある。

くちばしに歯が生えている。

アーケオプテリクスの化石は、1861年を最初にドイツでいくつか発見されている。鳥の起源説のきっかけとなった。

尾の骨が長い。

鳥と恐竜をむすびつけた
「羽毛恐竜」の発見

1996年、中国の北部でシノサウロプテリクスという恐竜の化石が見つかり、このときはじめて羽毛をもつ恐竜の存在が判明した。これ以降、中国を中心に羽毛をもつ恐竜が次々に発見されていく。これらの羽毛をもつ恐竜を「羽毛恐竜」という。羽毛恐竜の多くは獣脚類の恐竜で、羽毛は鳥類と獣脚類が同じ祖先をもつことの決定的な証拠のひとつとなった。

羽毛恐竜の羽毛は、飛ぶための羽の機能ではなく、体温を保つための保温の役割があったと考えられている。羽毛恐竜が多く発見されている中国の北部は寒い地方だ。ちなみに、ティラノサウルスなどの有名な獣脚類の恐竜も羽毛恐竜だった可能性があるが、ティラノサウルスが生息していた白亜紀後期の北アメリカの気温は高かったことから、その可能性はうすれてきている。

1996年、中国の北部で発見されたシノサウロプテリクスの化石。メラノソーマという色素も発見され、これは現代の鳥類にも見られる。

ユウティランヌス 体長：約9m

巨大な羽毛恐竜
ユウティランヌス

恐竜時代に生息していた鳥類と小型獣脚類のみが羽毛をもっていたとされていたが、ユウティランヌスに羽毛が発見されたことにより、大型の獣脚類の羽毛説が浮上した。

レポート 4

恐竜の絶滅後も 地球に生き残った鳥類

今から6600万年前、恐竜は絶滅した。地球に隕石が衝突し、岩がちりとなって舞い上がり、太陽の光がさえぎられた。植物は育たなくなり、植物食の生物が滅び、それをエサとした肉食の生物も滅んだのだ。生物の約70%が絶滅したといわれるが、鳥類の一部は生き残った。

理由のひとつが体のサイズだ。鳥類は体が比較的小さかったため、食べる量が少なくてもよかったと考えられている。恐竜の絶滅後、地球は新生代という時代に入り、鳥類は多様に進化していく。そのなかには、ガストルニスやアルゲンダヴィスといった恐竜に匹敵するような巨大な鳥類も現れる。彼らは、恐竜に代わって生態系の頂点に君臨する。その後、進化と絶滅をくり返し、鳥類は現代まで生き残っているのだ。

恐竜絶滅後、巨大化した鳥類もいた!

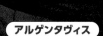

ガストルニス

大型の絶滅鳥類で、体高は約2メートルもあった。翼は小さく飛ぶことはできない。恐竜絶滅後の地上の支配者だった。

アルゲンタヴィス

翼を広げた大きさは約7メートルもあり、空を飛べる鳥類では史上最大といわれている。氷河期になり絶滅した。

恐竜 41 アランボウルギアニア

推定データ ▶体長：約11m（翼開長） ▶体重：約200kg

攻撃
テクニック　守備
スピード　パワー

バトルスキル

クチバシアタック	A
飛行ミサイル	S
翼ビンタ	B

必殺技

クチバシドロップ

巨大なクチバシを地面に打ちおろす。

史上最大のフライングモンスター

飛行可能なサイズの最大限の生物だという研究者がいるほどの巨体。首の骨しか発見されておらず謎が多い。空の王者といわれるケツァルコアトルスと覇権を争った可能性も。人間の大きさほどのクチバシで獲物を一撃で倒す。大型の恐竜が現れれば上空へ避難し、敵のすきをねらう。

118

ティラノサウルス

推定データ　▶体長：約12m　▶体重：約6t

攻撃
テクニック　守備
スピード　パワー

バトルスキル

カミツキ	S
ボディアタック	S
ヘッドアタック	A

必殺技

渾身のカミツキ

アゴに全力をこめた破壊力
満点のカミツキ。

史上最強の呼び声高い捕食者の頂点

筋骨隆々の巨大な肉体をもち、圧倒的なアゴの力ですべてをかみ砕く、地球史上最強の呼び声高い肉食恐竜。歯はほかの恐竜には見られない大きさとするどさだ。嗅覚や視力にもすぐれており、獲物を感知して待ちぶせる。すきを見せたら最後、一瞬で命を刈りとられる。

とてつもなく大きなクチバシVSとてつもなくかたい骨板

アランボウルギアニア vs ステゴサウルス

大木のある広大な畑

ガン

① アランボウルギアニアは、地上におり立つと、いきなりステゴサウルスにクチバシで攻撃！ステゴサウルスは間一髪でよける。

サクッ

サクッ

② クチバシの破壊力を警戒したステゴサウルスは、畑へ逃げる。アランボウルギアニアはクチバシで攻撃しながら追いかけるが、当たらない。ただ、ステゴサウルスのスタミナは限界寸前……。

③ 突然、アランボウルギアニアの攻撃が止まった。
クチバシが畑につきささり、抜くのにてこずっている。
形勢逆転のステゴサウルスは、アランボウルギアニアの羽を尾で攻撃する。

※アランボウルギアニアの骨は、体を軽くするために中がすかすか。

④ しかし、ステゴサウルスは、攻撃中にでこぼこの地面に
あしをとられてしまう。すると、アランボウルギアニアが
ここぞとばかりにクチバシアタック！ ステゴサウルスは骨板で
ガードしようとするも、クチバシが体をつらぬいた。

アランボウルギアニアの
勝利

※アランボウルギアニアのクチバシは２メートル近くあり、強力。

121

最強のアゴに鉄壁の鎧は通用するのか?

バトル10 ティラノサウルス vs サイカニア

バンカーのある
ゴルフ場

① 砂に体をうずめて隠れるサイカニアに
ティラノサウルスは気づいていた。
しかし、後ろあしで踏みつけると、
サイカニアの体の突起があしの裏にささって激痛が!

※ティラノサウルスは視覚と嗅覚が
すぐれており、感知能力が高い。

② 片あしを引きずりながらバンカー(砂地の障害物)を出た
ティラノサウルスだったが、サイカニアはそのあしを尾で攻撃!
※サイカニアの尾はハンマーのようにかたくなっており、骨を砕く威力がある。

③ 思わぬ展開で優勢に立ったサイカニアは、さらに頭つきをしかける。しかしそのとき、ゴルフボールが飛んできて頭に激突。サイカニアの動きが一瞬止まった……。

※ティラノサウルスの歯は円すい形で太く、アゴの力は、ひとかみで骨を砕くほど強力。

④ そのすきを逃さまいと、ティラノサウルスはサイカニアにがっぷりかみついた。サイカニアの体の突起が口の中にささっているが、ティラノサウルスはアゴの力をゆるめることなく、そのまま体を粉砕した。

ティラノサウルスの**勝利**

アクロカントサウルス

| 推定データ | ▶体長：約12m | ▶体重：5t以上 |

攻撃
テクニック　守備
スピード　パワー

バトルスキル

ボディアタック	A
カミツキ	B
ボディガード	A

必殺技

キバカッター

するどい歯で相手の血管を
切り裂き、大量出血させる。

生え変わるキバで敵を倒す肉食恐竜

頭から背中に生えた突起は背骨で、体のバランスをとる
役割がある。あしが短いわりに走るのが速く、時速40
キロも出ていたといわれる。歯がするどく、サメのよう
に折れても生え変わる。いつでも切れ味するどい刃で敵
を攻撃できるというわけだ。

恐竜44 アルゼンチノサウルス

推定データ　▶体長：約35m　▶体重：70t以上

攻撃
テクニック　守備
スピード　パワー

バトルスキル

ヘッドアタック	S
ボディアタック	S
尾アタック	A

必殺技

タックル返し

突進してきた敵を巨体ではね返す。

大地を震わせる史上最大・最重量恐竜

過酷なサバイバル競争を勝ち抜き、恐竜の絶滅期まで生きた超巨大恐竜。化石では骨の一部しか見つかっていないので、推定サイズよりも大きかった可能性も。その巨体で踏みつけられたら肉も骨も破壊されるだろう。首や背中の骨が多く、なめらかに動かせたとされる。

125

バトル11

障害物の多い街中で激しいレース！

アクロカントサウルス vs サウロペルタ

店が連なる商店街

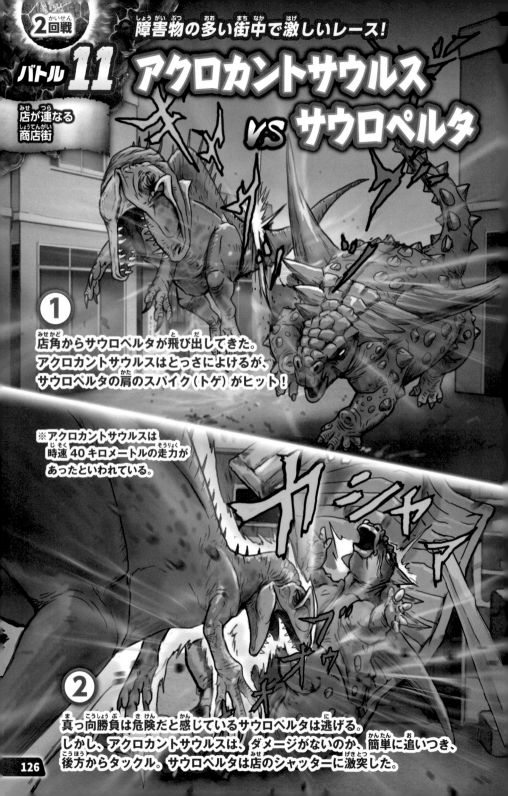

①

店角からサウロペルタが飛び出してきた。
アクロカントサウルスはとっさによけるが、
サウロペルタの肩のスパイク（トゲ）がヒット！

※アクロカントサウルスは
　時速40キロメートルの走力が
　あったといわれている。

②

真っ向勝負は危険だと感じているサウロペルタは逃げる。
しかし、アクロカントサウルスは、ダメージがないのか、簡単に追いつき、
後方からタックル。サウロペルタは店のシャッターに激突した。

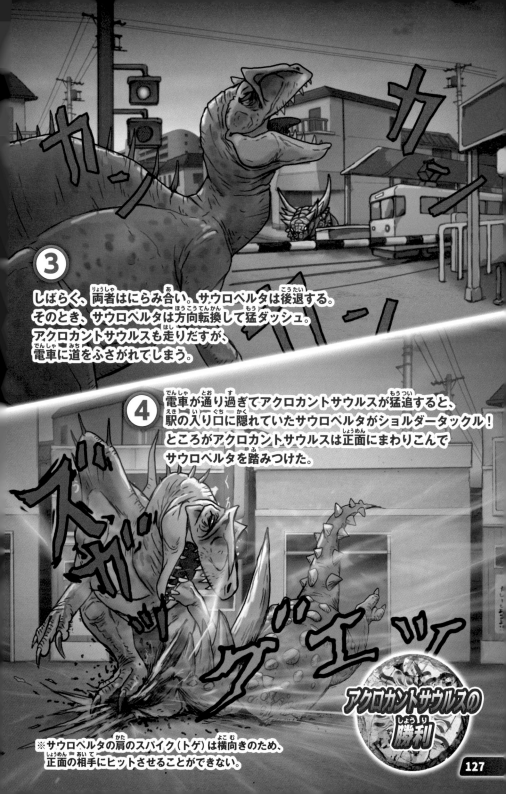

③ しばらく、両者はにらみ合い。サウロペルタは後退する。
そのとき、サウロペルタは方向転換して猛ダッシュ。
アクロカントサウルスも走りだすが、
電車に道をふさがれてしまう。

④ 電車が通り過ぎてアクロカントサウルスが猛追すると、
駅の入り口に隠れていたサウロペルタがショルダータックル!
ところがアクロカントサウルスは正面にまわりこんで
サウロペルタを踏みつけた。

アクロカントサウルスの
勝利

※サウロペルタの肩のスパイク(トゲ)は横向きのため、
正面の相手にヒットさせることができない。

最大恐竜VS最小恐竜の勝敗はいかに!?

バトル12

アルゼンチノサウルス VS エオシノプテリクス

① 3階の教室にいるエオシノプテリクスは、黒板消しをクチバシでくわえ、窓から放り投げた。黒板消しはアルゼンチノサウルスに命中!

② アルゼンチノサウルスがチョークの粉で目をあけられないでいると、エオシノプテリクスは窓からアルゼンチノサウルスにジャンプ!

※エオシノプテリクスは飛ぶことはできないが、ジャンプは得意。

③ 頭に着地したエオシノプテリクスは、すぐさまクチバシとツメで連打！ アルゼンチノサウルスは抵抗できないのか……!?

※アルゼンチノサウルスが頭を上げると、ビルの5階以上の高さになる。

アルゼンチノサウルスの勝利

④ と思われたそのとき、アルゼンチノサウルスはチョークの粉が鼻に入ってくしゃみ!! その動きが頭つきになり、エオシノプテリクスはKOされた！

テリジノサウルス

推定データ ▶体長：約11m ▶体重：5t以上

攻撃
テクニック 守備
スピード パワー

バトルスキル

大鎌カッター	A	A
後ろげり	A	A
クチバシアタック	A	B

必殺技
大鎌スクリュー

ツメを相手につきさし、回転させてダメージを大きくする。

敵を切り裂く1メートルを超える大鎌

最大の武器は、前あしにある約1メートルのするどいツメだ。植物食の恐竜ではあるが、おそわれそうになると肉食恐竜以上に狂暴化。巨大な鎌のひとふりで肉を切り裂き、肉を深くえぐる。極めて太い後ろあしからくり出すキックも破壊力抜群だ。

恐竜 46 ディノスクス

| 推定データ | ▶体長：約12m | ▶体重：不明 |

攻撃
テクニック　守備
スピード　パワー

バトルスキル

カミツキ	A
尾アタック	A
鉄壁ガード	A

必殺技
水中デスロール

かみついた状態から体を回転させて肉をえぐる。

かむ力がティラノサウルス超えの巨大ワニ！

体長12メートルにもなる超巨大ワニ。現代のワニよりあしが長く、すばやく動くことができた。強力なのはティラノサウルスをしのぐアゴの力。水辺に近寄ってきたものを水中に引きずりこんでするどい歯でとどめをさす。体は骨でできたうろこでおおわれ、防御力も高い。

131

壮絶バトルの結末は、滝の下!?

バトル13 テリジノサウルス vs ミンミ

山の中にある
大きな滝

① 山の斜面で木々に行方をはばまれるテリジノサウルスに対し、ミンミは木の間から何度もタックルをしかける。

※ミンミは鎧竜で最小とされる。

② 怒りマックスのテリジノサウルスは、木をなぎ倒してツメをふり上げた！そのとき、背後にいたもう1頭のミンミがテリジノサウルスにタックル!!

③ 体勢をくずしたテリジノサウルスが倒れた先は滝だ！
テリジノサウルスは滝つぼにすべり落ちていく。

※テリジノサウルスのツメの
長さは 70 センチもある。

※ミンミのおなかにはガード
するための装甲板がない。

④
テリジノサウルスは水面に浮かんだ状態。
それを見た２頭のミンミは滝から大ジャンプ！
しかし、激突する寸前、テリジノサウルスは
前あしの両方のツメをミンミの腹部につきさした!!

テリジノサウルスの
勝利

防戦一方の展開から起死回生の一撃！

バトル14 デイノスクスvs アンキロサウルス

小さな池のある深い森

① 大雨の中、茂みに隠れていたデイノスクスがとびつくが、アンキロサウルスの尾の一撃が入り、いきなりのダウン！

②

さらにアンキロサウルスは、起き上がろうとするデイノスクスに頭つき！デイノスクスのダメージは大きく、池に避難しようとするが……。

③ アンキロサウルスが尾を大きくふった！
しかし、尾は頭を下げたデイノスクスの上を通過。
アンキロサウルスは大きくバランスをくずす。

※アンキロサウルスの尾のハンマーは
水平にしかふることができない。

※デイノスクスのかむ力は、
ティラノサウルス以上と
いわれている。

④
するとデイノスクスが逆襲。
アンキロサウルスは ガードしようとするが、
デイノスクスはおおいかぶさって
渾身の力でかみついてしとめた！

デイノスクスの勝利

135

ブラキオサウルス

推定データ ▶体長：約25m ▶体重：30t以上

攻撃

テクニック　守備

スピード　パワー

バトルスキル

ボディアタック	A
ボディプレス	S
尾アタック	A

必殺技

ハンマーヘッド

高い位置から首をふって敵にぶつける破壊力抜群の一撃。

1日200キロの葉を食べる巨大クレーン

前あしが長く首をもちあげやすい骨格のため、頭の高さはビルの5階に相当する16メートルにもなる。木の葉を1日に200キロも食べ、巨体を維持している。頭にはコブがあり、首をふって敵にぶつければ巨大クレーンについたハンマーのように相手を玉砕する。

カルカロドントサウルス

推定データ	▶体長：約12m	▶体重：約6t

攻撃

テクニック　守備

スピード　パワー

バトルスキル

カミツキ	A
ボディアタック	S
ボディディフェンス	A

必殺技

デスバイト

敵が力尽きるまで容赦なく
かみ続ける。

命を刈り取る凶悪な歯をもつ肉食恐竜

白亜紀最大級の肉食恐竜。最大の武器はおそろしい歯。三角形の歯がギザギザ状になっており、ホホジロザメのように肉をえぐり切るような構造になっている。獲物は強力なアゴから逃れたとしても深い傷を負い、大量の血を失うため反撃の力は残らない。敵なしのハンターだ。

バトル15

暗闇でのバトルは見まちがいにご用心！

ブラキオサウルス vs ケツァルコアトルス

真夜中のビルの
工事現場

① ケツァルコアトルスは上空から突進するが、直前でブレーキ!?
ブラキオサウルスと思っていたのは巨大クレーンだったのだ……。
羽をぶつけてしまい、飛行は不可能に。

※ブラキオサウルスの体高は
16メートルもある。

② なにもせずに優位に立ったブラキオサウルスは、
前あしでキックし、ケツァルコアトルスの体勢をくずす。

③ さらに前あしで踏みつけようとするが、動きがおそいため、ケツァルコアトルスは倒れたままなんとかかわした。

④ 絶体絶命のケツァルコアトルスが立ち上がろうとしたそのとき、ブラキオサウルスがヘッドアタック！ところが、ケツァルコアトルスは立ち上がると同時にクチバシをブラキオサウルスののどにつきさした！！

ケツァルコアトルスの勝利

障害物だらけのフィールドでどう戦う?

バトル16 カルカロドントサウルス vs エオラプトル

遊具が集まった公園

①
エオラプトルはブランコをゆらし、
カルカロドントサウルスの注意をそらす。
そして、そのすきに後ろあしにかみついた。

※エオラプトルの歯はカミソリのように
するどく、肉を切り裂く。

カプブブ

ギャッ

クル

②
挑発しながら逃げるエオラプトルは、今度は鉄棒に
ぶらさがっての宙返りからのカギヅメアタック!
カルカロドントサウルスの顔を切り裂いた。

③ エオラプトルは逃げようとするが、カルカロドントサウルスは尾をふって、エオラプトルを転倒させる。

※カルカロドントサウルスの名前の意味は「サメの歯をもつトカゲ」。

ギォ

ガグッ

④ なんとか立ち上がったエオラプトルは、ジャングルジムに逃げこもうと頭を入れるが、体がはさまってしまう！カルカロドントサウルスは無防備になったエオラプトルのお尻を、するどいキバで切り裂いた‼

カルカロドント
サウルスの
勝利

141

2回戦 結果発表

バトル①	アロサウルス	VS	ディノニクス
バトル②	スピノサウルス	VS	テムノドントサウルス
バトル③	ディノケイルス	VS	ヘレラサウルス
バトル④	アパトサウルス	VS	トリケラトプス
バトル⑤	トルヴォサウルス	VS	タルボサウルス
バトル⑥	ギガノトサウルス	VS	イグアノドン
バトル⑦	モササウルス	VS	バリオニクス
バトル⑧	エラスモサウルス	VS	プテラノドン
バトル⑨	アランボウルギアニア	VS	ステゴサウルス
バトル⑩	ティラノサウルス	VS	サイカニア
バトル⑪	アクロカントサウルス	VS	サウロペルタ
バトル⑫	アルゼンチノサウルス	VS	エオシノプテリクス
バトル⑬	テリジノサウルス	VS	ミンミ
バトル⑭	デイノスクス	VS	アンキロサウルス
バトル⑮	ブラキオサウルス	VS	ケツァルコアトルス
バトル⑯	カルカロドントサウルス	VS	エオラプトル

テクニックが光った攻防戦！

2回戦の16バトルのうち、じつに11バトルでシードの生物が勝利をつかんだ。しかし、大きな体を使って強引に相手をねじふせたかというと、バトルの内容はそうではない。目や首などの急所を的確に攻撃したり、一瞬のすきをついて反撃したりと、テクニックが十分に発揮された戦いが目立った。ハイレベルなバトルでは、得意技や必殺技をいかに効果的に、またよいタイミングでくり出すかが重要なのだ。3回戦に進出した猛者たちは、体格もテクニックも兼ね備えている。その戦いから目がはなせない！

デイノニクス
VS ➡P144
スピノサウルス

ヘレラサウルス
VS ➡P146
トリケラトプス

トルヴォサウルス
VS ➡P148
ギガノトサウルス

モササウルス
VS ➡P150
プテラノドン

戦いが始まる！

アランボウルギアニア
VS ➡P154
ティラノサウルス

アクロカントサウルス
VS ➡P156
アルゼンチノサウルス

3回戦
全8バドル

テリジノサウルス
VS ➡P158
デイノスクス

ケツァルコアトルス
VS ➡P160
カルカロドントサウルス

逃げて、逃げて、その先に……!?

デイノニクス VS スピノサウルス

①

デイノニクスはスピノサウルスの背後にまわりこみ、尾にかみついて先制攻撃！

※デイノニクスは大型恐竜に傷を負わせ、大量出血させたのちにしとめる。

②

怒ったスピノサウルスから逃げるデイノニクス。通行止めの柵もジャンプで軽々越える。一方のスピノサウルスは、体当たりで柵を破壊して追走する。

144

ゴ
グ
ウ
!!

③
ところが、コンクリート壁が現れ、行き止まりに。
逃げ場を失ったデイノニクスだったが、
ふり返ってスピノサウルスに突進し、
後ろあしのツメでアタック!!

※スピノサウルスの帆は、
泳ぐ際のバランスをとるためのほか、
防御の役割もあったという説が有力。

しばく

④
勝負あったかに思えたが、ヒットした部分は
スピノサウルスの帆だった。スピノサウルスは前あしの
カギヅメでデイノニクスをおさえ、かみついた!

スピノサウルスの
勝利

バトル2

ツノとキバが迫力満点の大激突！

ヘレラサウルス vs トリケラトプス

丘のある秋の草原

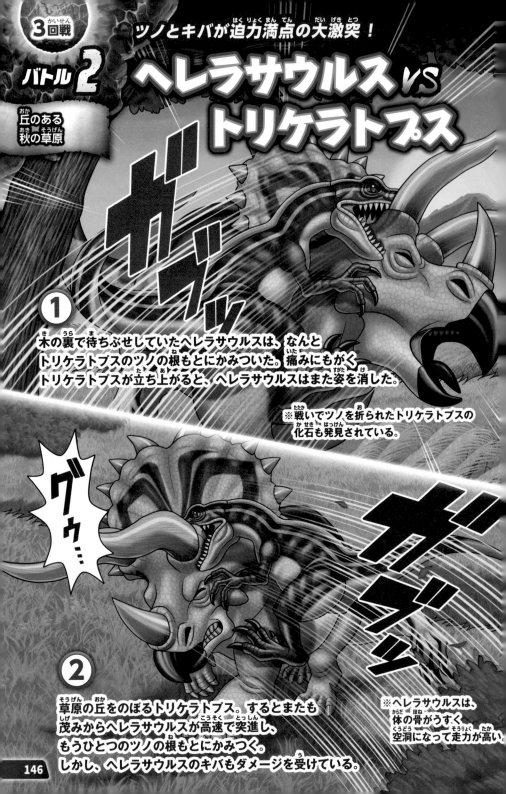

①

木の裏で待ちぶせしていたヘレラサウルスは、なんとトリケラトプスのツノの根もとにかみついた。痛みにもがくトリケラトプスが立ち上がると、ヘレラサウルスはまた姿を消した。

※戦いでツノを折られたトリケラトプスの化石も発見されている。

②

草原の丘をのぼるトリケラトプス。するとまたも茂みからヘレラサウルスが高速で突進し、もうひとつのツノの根もとにかみつく。しかし、ヘレラサウルスのキバもダメージを受けている。

※ヘレラサウルスは、体の骨がうすく空洞になって走力が高い。

③ 今度は丘の上から突進するヘレラサウルス。トリケラトプスは2本のツノを負傷しているが、フリルでガードし、後方へ放り投げた！

④ トリケラトプスはそのまま、下り坂を利用して猛突進。あおむけのヘレラサウルスは、ツノにかみついた！しかし、トリケラトプスの鼻の上にあるツノがヘレラサウルスのおなかをとらえ、勝負あり！！

トリケラトプスの勝利

ジュラ紀と白亜紀の最強候補がぶつかり合う！

トルヴォサウルス vs ギガノトサウルス

雪が降り積もる森の中

① バトルの開始直後、両者はがっぷり組み合ってお互いの肩にかみつく。体格に勝るギガノトサウルスが徐々に押しこんでいく。

※トルヴォサウルスもギガノトサウルスも歯がナイフ状になっており、何度もかみついてしとめるのが狩りのスタイル。

② すると、両者、今度は前あしのツメで攻撃し合い、お互いに大ダメージ！

※ギガノトサウルスは時速50キロで
走るとされ、頭つきの威力も高いと考えられる。

③両者はいったん距離をおき、同時に突進して頭と頭が激突！
トルヴォサウルスははね飛ばされて木に激突した。
ギガノトサウルスはすぐにしとめようとするが……。

ゴッ

ギャウッ

④倒れてきた木がギガノトサウルスの頭に直撃！
しかし、ダウンしたのはトルヴォサウルスだった。
ギガノトサウルスの頭つきで、意識を失っていたのだ。

ギガノトサウルスの
勝利

149

灯台のある
暗闇の海

空からと、水中から。お互いに一瞬のすきをねらう！

モササウルス vs プテラノドン

①

ゲギャン

ヴワン！

海面に浮上して呼吸をしていた
モササウルスから血がとび散った!?
プテラノドンのクチバシ攻撃が
ヒットしたのだ。

※モササウルスは肺呼吸のため、
　水面から出て呼吸する必要がある。

※プテラノドンは夜行性と
　いわれており、暗闇でも動ける。

ザクッ

グオオオ……

ザバァ

②

うかつに海面に出られないモササウルスだが、息は長くは続かない。
危険を覚悟して海面に浮上して息を吸うと、またしても
プテラノドンのクチバシ攻撃が炸裂！

150

③ しばらくして、空が突然明るくなり、プテラノドンの姿が見えた。
灯台の明かりに照らされたのだ。

※プテラノドンは気流に乗って飛行するため、
旋回する技術は高くない。

④ プテラノドンの羽はぬれており、急旋回できない！
モササウルスはそれを見てかみついた‼
暴れもがくプテラノドンだったが、やがて海に沈んだ。

※モササウルスの歯は外側と内側の二列に
並んでおり、獲物にしっかりとかみつける。

モササウルスの勝利

恐竜たちの武器に迫る！

#01 ティラノサウルス

ティラノサウルスの歯は根もとからは30センチ、飛びだした部分も約15センチあった。円すい形になっており、ひとかみで獲物の骨まで砕くことができた。さらに歯のふちはギザギザとした形状で肉を切り裂くのにも適していた。

頭部だけで約1.5メートル

円すい形のキバで肉も骨も砕く！

バナナのように長くて太い歯。ふちはギザギザとした形状でナイフのようにするどい。

三角形の歯をくいこませて切り裂く

#02 アロサウルス

口を大きくあけることができ、そこには三角形のするどい歯が並んでいた。うすいナイフのような形状のため、獲物にくいこませて肉を切り裂いて倒していた。ライバルであったステゴサウルスもこの歯に屈していたようだ。

#03 スピノサウルス

円すい形でまっすぐな歯が並んでいた。これはエサとした魚を狩るのに適していた形状だ。歯の数は不明だが、2メートルもある頭部で口が大きいことからも複数の歯でかみつけば、大型の恐竜も逃れることはできないはずだ。

頭を左右に振って
ナイフ状の歯で切り裂く

長くするどい歯で
獲物をひとさし！

#04 ギガノトサウルス

ナイフのようにうすくてするどい歯をもつ。骨を砕くような頑丈な歯ではないため、頭を左右にふり、獲物の肉を切り裂いてしとめていた。カルカロドントサウルスなど大型の獣脚類で似た歯をもつ恐竜は多い。

#05 モササウルス

サメの歯は折れても生え変わる。恐竜などで同じ特性をもつものは多く、モササウルスもそうだ。円すい形の太くするどい歯が多数並び、なんとその内側の列にも歯がある。かみつかれた獲物は逃れられない。

先がとがった
多数の歯がある！

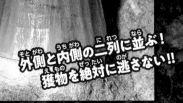

外側と内側の二列に並ぶ！
獲物を絶対に逃さない!!

#06 トリケラトプス

クチバシのようになった口先で植物を引きちぎる。じつは奥にはするどい歯が並んでいた。この奥歯は次々と新しく生えてくる。歯は食事のためのものだが、もし口に手をつっこんだものなら重傷はまぬがれない。

勝つのはテクニック？ それともパワー？

アランボウルギアニア vs ティラノサウルス

静まり返った
野球スタジアム

バサァ

① ティラノサウルスはピッチャーマウンドから突進。
すると、ホームベースにいたアランボウルギアニアは
羽を大きくふって土を舞い上がらせた。

※ティラノサウルスには、ぶあつくて
大きな筋肉があったとされ、防御力が高い。

グサ

ぐは

② 視界をとざされて動きが止まったティラノサウルスの肩に、
アランボウルギアニアはクチバシで攻撃！
ティラノサウルスは、なんとかもちこたえる。

③ アランボウルギアニアは間髪入れずにクチバシで攻撃。しかし、ティラノサウルスもボディアタックで対抗。どんどん押しこんでいく。

ずどん

※ティラノサウルスは、太い尾をふって後ろあしに力を伝え、爆発的な瞬発力を生み出す。

※アランボウルギアニアは、体を軽量化するために骨がスカスカだったとされる。

ドズーン

ぎぃぁぁぁ

④ アランボウルギアニアは、クチバシをティラノサウルスの背中につきさすが、押されてバックネットに衝突！ティラノサウルスはさらに押しこんで骨を粉砕した!!!

ティラノサウルスの勝利

155

巨体があだとなる？せまい場所での大激闘！

アクロカントサウルス vs アルゼンチノサウルス

商業ビルが並ぶ道路

※アクロカントサウルスは、時速40キロで走れたといわれている。

① アクロカントサウルスはアルゼンチノサウルスの後ろあしに高速タックル。しかし、アルゼンチノサウルスの体は傾いただけ。

※アルゼンチンサウルスは全長約35メートル。2車線道路の幅は約15メートル。

② アルゼンチノサウルスはふり向いて対抗しようとするが、首がビルに激突！衝撃で看板や窓ガラスが道路に落下してくる。

③ アクロカントサウルスは、もう一度後ろからタックルしようとするが、アルゼンチノサウルスの尾が邪魔で、その尾にかみつく作戦に変更。尾のスイングに必死にたえながらかみ続ける。

※アクロカントサウルスの歯はするどいが、うすくて折れやすい。

④ 身動きできずにもがくアルゼンチノサウルスだが、アクロカントサウルスの勢いが止まった……。歯が折れたのだ。するとアルゼンチノサウルスは、アクロカントサウルスをお尻で押しつぶした！

アルゼンチノサウルスの
勝利

学校（がっこう）のプールは、恐竜（きょうりゅう）にはちょっとせまい……？

テリジノサウルス vs デイノスクス

①

冬（ふゆ）のプール。水（みず）が変色（へんしょく）してデイノスクスの姿（すがた）が見（み）えない。
プールサイドで警戒（けいかい）するテリジノサウルスだったが、
デイノスクスが突如出現（とつじょしゅつげん）し、尾（お）にかみついた。

②

テリジノサウルスはツメでデイノスクスをひっかき、
なんとかプールに引（ひ）きこまれずにすんだ。
しかし、尾（お）に大（おお）きなダメージを受（う）けた。

※テリジノサウルスのツメは、約（やく）70センチもあり強力（きょうりょく）。

③ テリジノサウルスはとびつかれないように飛びこみ台に避難。
ところが、デイノスクスが大ジャンプで現れた。
驚いたテリジノサウルスは、プールに落ちてしまう！

④
万事休すのテリジノサウルスだったが、
体長10メートル超えの体からすると、水深は浅い！
それでもデイノスクスは大ジャンプでかみつく。
しかし、テリジノサウルスは一瞬のすきをついて
ツメを深くつきさした！！

テリジノサウルスの勝利

159

絶体絶命の大ピンチは、強い心で乗り越えろ！

ケツァルコアトルス VS カルカロドントサウルス

①

岩の上で待ちかまえるカルカロドントサウルス。
そこへケツァルコアトルスが突進！
カルカロドントサウルスは間一髪でよけるも、風圧で岩から落下。

※ケツァルコアトルスは時速170キロで
飛べるといわれ、風圧もすさまじい。

ビュオオオオオオオオ‥‥

②

幸い草がクッションになったが、全身にダメージを受けて動けない！
そこへ再度、ケツァルコアトルスが突進してきた。

③ 絶体絶命のカルカロドントサウルスは、体をひねってよけつつ、執念でケツァルコアトルスの羽にかみついた！

※カルカロドントサウルスの歯は、ホホジロザメのようにギザギザでするどい。

※カルカロドントサウルスの頭蓋骨は、ティラノサウルスより大きい。

④ 再びケツァルコアトルスの巨体が迫ってくるが、カルカロドントサウルスは、最後の力をふりしぼって立ち上がり、渾身のヘッドアタック!!!

カルカロドントサウルスの勝利

3回戦 結果発表

バトル①

デイノニクス
VS スピノサウルス

バトル⑤
アランボウルギアニア VS
ティラノサウルス

バトル②

ヘレラサウルス
VS トリケラトプス

バトル⑥
アクロカントサウルス VS
アルゼンチノサウルス

バトル③

トルヴォサウルス VS
ギガノトサウルス

バトル⑦
テリジノサウルス
VS デイノスクス

バトル④

モササウルス
VS プテラノドン

バトル⑧
ケツァルコアトルス VS
カルカロドントサウルス

劣勢から大逆転が続出!

ノーシードから唯一勝ち残ったのは、ツノの攻撃力が光ったトリケラトプスのみ。シードの大型恐竜の活躍が目立った。すべてのバトルにおいて、先に戦いの主導権をにぎったのは、じつは負けたほうの生物。攻撃してははなれるという作戦によって、長期戦にもつれこんだバトルが多かった。しかし、最終的には強力なパワーとテクニックを合わせもつ大型恐竜が勝利をつかんだ。逃げられないように相手をツメでロックしたスピノサウルスの作戦は見事。ベスト8の生物は強力な必殺技をもつものばかり。その攻防は必見だ!

スピノサウルス トリケラトプス ➡P166

ギガノトサウルス モササウルス ➡P168

準々決勝 &準決勝

ティラノサウルス アルゼンチノ サウルス ➡P170

テリジノサウルス カルカロドント サウルス ➡P172

ベスト**8**が

勝ち上がった
最強を

水陸で暴れまわる！

スピノサウルス

3本のツノで猛突進！

トリケラトプス

キバで体を切り裂く！

ギガノトサウルス

水中王者の一撃炸裂！

モササウルス

決勝進出

準決勝

左トーナメントの注目点

スピノサウルスとギガノトサウルスは、ワザの手数で勝負！ それぞれの対戦相手のトリケラトプスはツノで、モササウルスは強力なカミツキの一撃をねらう‼

出そろった!

8生物が目指す!

決勝進出

準決勝

カミツキで骨を砕く!

ティラノサウルス

巨体ですべてを破壊!

アルゼンチノサウルス

巨大なツメで連続攻撃!

テリジノサウルス

ナイフ状の歯で血祭りに!

カルカロドントサウルス

右トーナメントの注目点

戦闘能力の高いティラノサウルスとカルカロドントサウルスに、アルゼンチノサウルスは巨体で、テリジノサウルスは巨大なヅメで反撃できるかが見所だ。

10トン超えの巨体が建物を破壊しながら大激突！

スピノサウルス VS トリケラトプス

大雨がふる
工場の廃墟

① トリケラトプスが怒涛の突進！
そのたびにスピノサウルスは尾ではね返す。

※スピノサウルスの前あしの
ツメは湾曲しており、
つきさすと抜けにくい。

②

スピノサウルスにつかれが出てきた。
トリケラトプスは、今度は正面から突進。
スピノサウルスは上体を起こして
前あしのツメをくいこませ、勢いを止める。

③ トリケラトプスのツノはスピノサウルスの首に
ヒットしているが、くいこみが浅い。
しかし、トリケラトプスは動きを封じられながらも
首を押しこんで、ツノをくいこませていく。

ギャゥゥ…

トゥリッ

※トリケラトプスの２本のツノは、
約 1.8 メートルもある。
また、首は柔軟に動く構造をしている。

※トリケラトプスの湾曲したあしは、
関節がまっすぐになると
脱臼すると考えられている。

ガブブッ

④ 勝負あったと思われたそのとき、トリケラトプスが
地面に沈んだ……。スピノサウルスの巨体の重みで、
あしの関節が脱臼したのだ。
スピノサウルスはかみついて、とどめをさした！

スピノサウルスの
勝利

海か？ 陸か？ 狩りのスタイルが明暗を分ける！

ギガノトサウルス VS モササウルス

強風と高波で
荒れた海

①

体の半分まで水につかっているギガノトサウルスは、
モササウルスを確認すると、陸に向かって必死に走る。
モササウルスはゆっくりした泳ぎだが、波打ち際で追いついた。
ギガノトサウルスは尾をふって抵抗するのがやっとだ。

※モササウルスの泳ぎの能力は研究でも見解が
　分かれているが、サメのようには速く泳げない。

②

陸へ逃げることもできるが、ギガノトサウルスはなんと海での戦いを選んだ。
モササウルスは、ギガノトサウルスの後ろあしにかみつく。
水深が浅いため、モササウルスの体は水面から出た状態だ。

③ 海での戦いは無謀だったか……？　そのとき、
モササウルスのアゴの力が弱まる!?　体が岩にはさまったのだ。
これがギガノトサウルスの作戦だったのだ。連続でカミツキ攻撃！

※ギガノトサウルスの狩りは、キバをくいこませ、
　首をふりながら肉を切り裂いていく。

※モササウルスの歯は
外側と内側の二列に並び、
獲物をはなさない。

④

モササウルスの体はズタボロだが、そのとき
大きな波が現れ、モササウルスの体が岩からはなれた！
モササウルスが首にかみつくと、ギガノトサウルスは
陸へ逃げようとするが、間もなくして力つきた。

モササウルスの
勝利

雪の壁にはさまれた道

体格差を頭の大きさでカバーする!?

ティラノサウルス VS アルゼンチノサウルス

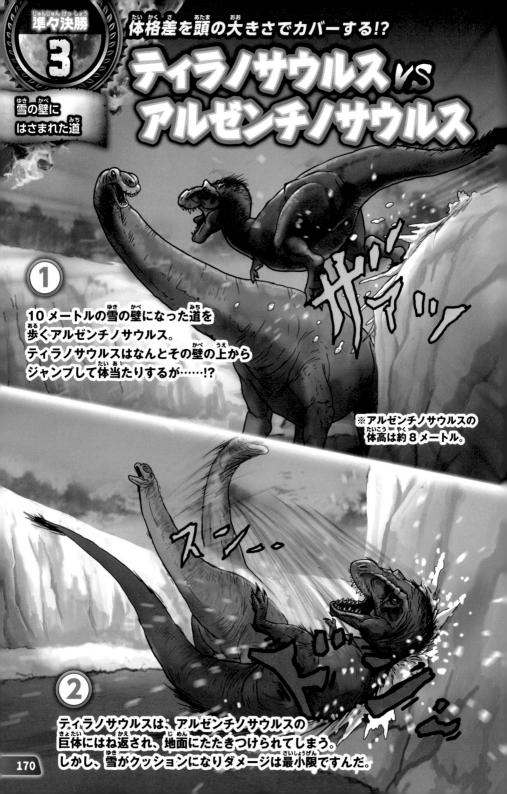

① 10メートルの雪の壁になった道を歩くアルゼンチノサウルス。
ティラノサウルスはなんとその壁の上からジャンプして体当たりするが……!?

※アルゼンチノサウルスの体高は約8メートル。

② ティラノサウルスは、アルゼンチノサウルスの巨体にはね返され、地面にたたきつけられてしまう。
しかし、雪がクッションになりダメージは最小限ですんだ。

③ すぐさまアルゼンチノサウルスが踏みつけようとするが、ティラノサウルスは瞬時に動いてかわす。しかし、首を大きくふったアルゼンチノサウルスの頭が迫っていた！

ヴォオオオオ

!!

グォオオオ

※ティラノサウルスは、長時間速くは走れないが、後ろあしの筋肉が発達しており、瞬発力が高い。

※ティラノサウルスの頭の大きさは1.5メートルで横幅も広い。アルゼンチノサウルスは巨体のわりに頭が小さい。

ウォオォーー

ズドー

ガギィ

④ 逃げ道のないティラノサウルスはよけることなく、頭からつっこむ！ 頭と頭の激突‼ アルゼンチノサウルスは、強力な頭つきに失神。ティラノサウルスはそれ以上、攻撃をしなかった。

ティラノサウルスの勝利

長いツメと短いツメ……、勝つのはどっち!?

テリジノサウルス vs カルカロドントサウルス

山の中にある
水田地帯

※テリジノサウルスの前あしは
2メートル以上、ツメは
70センチ以上ある。

① 草むらから現れたテリジノサウルスは、ツメで
カルカロドントサウルスの背中を切りつけた。

※テリジノサウルスは
群れで行動する。

② 不意打ちで田んぼに落ちたカルカロドントサウルスが
顔を上げると、なんともう1頭のテリジノサウルスが!
カルカロドントサウルスは突進するが、
テリジノサウルスはツメでカウンター!

③ しかし、攻撃をもろともしないカルカロドントサウルスは、前あしのツメをテリジノサウルスにつきさし、田んぼに引き落とした。テリジノサウルスはあおむけに倒れてしまうが、もう1頭のテリジノサウルスが背後に迫っている……。

※カルカロドントサウルスの前あしは、人間の成人と同じくらいで短いが、ツメが発達している。

④ 危険を察知したカルカロドントサウルスは、すばやい動きで背後からの攻撃をかわす！すると、テリジノサウルスが体勢をくずし、お互いのツメで自滅した。

カルカロドント
サウルスの
勝利

恐竜たちの武器に迫る！

ツメ編

2.4メートルの前あしにある
するどい3本のツメ

#01 デイノケイルス

デイノケイルスは「おそろしい手」という意味。前あしの長さは2.4メートルもあり、3本のするどいツメをもっていることからだ。ツメの先端は丸くなっており、約11メートル、6.5トンの巨体で肉体に深くつきさす。切り傷程度では決してすまない。

#02 バリオニクス

バリオニクスは「重いツメ」という意味。3本のうち1本はカーブした形で、つきさすと獲物の肉体から抜けないしくみになっている。約30センチともいわれるツメは、エサの魚だけでなく、大型恐竜にもひとさしで致命傷を負わせるサイズだ。

湾曲した形をしており
つかんだらはなさない！

70センチ以上もある
恐怖の大ヅメ

#04 デイノニクス

後ろあしにある3本のツメのうち、2本は地面をつかんで走るために下向きになっており、もう1本はキックで攻撃するときに上向きになる。獲物の腹部やのどなどの急所をねらい、肉を引き裂いていたと考えられている。

後ろあしのツメで
獲物の急所をねらう!

#03 テリジノサウルス

先端がとがった長さ70センチのツメ。1メートルあったという研究者もいる。前あしが約2メートルもあるため、はなれたところからも攻撃できる。戦闘以外では高い木の葉をかりとったり、地中の生物を狩るために土を掘ったりするのに使われていた。

#06 イグアノドン

通常は四足歩行だが、おそわれそうになると強靭な後ろあしで立ち、前あしで反撃する。最強の武器は、するどくとがった親指のツメだ。化石が発掘され研究が進む以前、このツメはツノと間違われていた。ほかの4本指よりも巨大だったからだ。

前あし、
後ろアシのツメを
ジャンプでつきさす!

化石からツノと誤解された
親指の巨大なツメ

#05 ヴェロキラプトル

後ろあしのツメはデイノニクスと同様に上向きになっている。前アシのツメはつきさすだけでなく、獲物をつかまえるのにも役立っていたと考えられる。体長2メートルという小柄のため身のこなしにすぐれ、ジャンプからのツメ攻撃は強力だったはずだ。

水中最強候補が、いざ決戦！

スピノサウルス vs モササウルス

陸からはなれた
水深の深い海

① 水中にもぐったスピノサウルスは突進。
モササウルスは正面から迎え撃ち、いきなり激突！
モササウルスのほうが勢いがある。

② 押されるスピノサウルスは、前あしのツメを
モササウルスの後ろあしにくいこませ、反撃だ！
しかし、モササウルスはそのまま
深くにもぐっていく……。

※モササウルスは海面近くを
泳ぐ習性がある。

※スピノサウルスの前あしの
ツメは湾曲しており、
つかんだものをはなさない。

③ するとモササウルスは、尾をふって
スピノサウルスを海底の岩にぶつけた！
両者、水中では息が長く続かない……。

グゥッ

※スピノサウルスは、骨格の研究が進み、
泳げることが有力説となっている。

グァァ…！

④ 両者、意を決して同時に突進！
相打ちか……!? 数秒後、
モササウルスのアゴの力が抜ける。
スピノサウルスは海底の岩を
強くけって勢いをつけ、
キバを深くくいこませていたのだ。

スピノサウルスの
勝利

177

ガスが
たちこめる火山

恐竜が最も栄えた時代の強者同士が激闘！

ティラノサウルス vs カルカロドントサウルス

グメメメ

!!

① 岩かげで待ちぶせていたティラノサウルスがとびついた。カルカロドントサウルスはよけられない！

ギリッ…

グメォォォ‥‥

ガッ

※カルカロドントサウルスの歯はノコギリのようにギザギザしており、肉を引きちぎることができる。

※ティラノサウルの歯は円すい形で、アゴの力で深くくいこませることができる。

② ティラノサウルスの歯がくいこむ。カルカロドントサウルスも首をひねってかみつき返す。両者、血まみれだ。

178

③ 危険を感じたカルカロドントサウルスは、いったん距離をおく。
そしてガスで視界がふさがれたすきに、火口の反対側へ移動。
ティラノサウルスを失血させるために時間をかせぐ作戦だったが……。

ヒュッ**ォォォォォォォォ**……

※カルカロドントサウルスは、
獲物を大量出血させてから
しとめていた。

※ティラノサウルスは嗅覚が
するどく、獲物を逃さない。

グハ……

ガブッ!

メキッ

メキッ

④ 間もなくして、ティラノサウルスが現れた。
両者、つかれていながらも再び渾身のカミツキ！
両者、一歩も動かないこう着状態が続いたのち……、
アゴの力くらべは、ティラノサウルスに軍配が上がった。

**ティラノサウルスの
勝利**

準々決勝 & 準決勝 結果発表

準々決勝 ①
スピノサウルス VS トリケラトプス

準々決勝 ③
ティラノサウルス VS アルゼンチノサウルス

準々決勝 ②
ギガノトサウルス VS モササウルス

準々決勝 ④
テリジノサウルス VS カルカロドントサウルス

準決勝 ①
スピノサウルス VS モササウルス

準決勝 ②
ティラノサウルス VS カルカロドントサウルス

悪条件のなかで瞬発力が光った！

準々決勝を勝ったスピノサウルス、モササウルス、ティラノサウルス、カルカロドントサウルスは、大きなダメージを負いながら土壇場で勝機をものにした。荒地、岩場、雪道、水田というあし場の悪いフィールドで逆転できたのは、高い瞬発力があったからだ。通常時は特別速く動けないが、一瞬のスピードはすさまじい。準決勝のティラノサウルスとカルカロドントサウルスは、似たタイプ同士が激突。アゴの力が勝敗を分けたが、その差はほんのわずかだった。決勝戦では最強と呼び声高い2頭の恐竜が激突。いよいよ地球史上最強の生物が決まる！

頂点をめざして！

決勝戦

頂上は間近だ!
ここまでの戦評&見どころ

スピノサウルス

水中でも陸でも戦える!カギヅメでしっかりつかまえするどい歯でしとめる!

総合能力 20

体長 ▶ 約15m
体重 ▶ 10t以上

能力

5	攻撃
4	守備
4	パワー
3	スピード
4	テクニック

肉食恐竜で最大。強靭な体は最強の証となるか!?

これまでの対戦

1回戦	シードのためバトルなし
2回戦	VS テムノドントサウルス	陸から水中へダイブし、ツメで相手の目、キバで首を攻撃した。
3回戦	VS デイノニクス	相手の俊敏な動きに苦戦するが、ツメと巨体で押さえこんでしとめた。
準々決勝	VS トリケラトプス	ツノの一撃を受けて傷を負いながらも、執念のカミツキで玉砕!
準決勝	VS モササウルス	水中で決戦。岩をけってスピードを高め、カミツキの威力を高めた。

勝機が見えたら出す "カギヅメ&カミツキ" の必殺技

獣脚類ではめずらしく水中も移動できる。そのため海洋生物であるテムノドントサウルスとモササウルスとの戦いでも水中で決着をつけた。動きはそこまで速くないが、俊敏な相手に対しては、ささると抜けないカギヅメで動きを封じ、巨体で押しこみながら強くかみつくという戦略で撃沈させた。決勝のティラノサウルスを一撃でしとめるのは難しい。相手にダメージを負わせながら、"ここぞ!" という一瞬のチャンスで必殺技を出すことが求められる。

圧倒的な攻撃力で勝ち上がった両者の能力は互角。恐竜時代の狩りのスタイルが、バトルにもいかされている。決勝は小さな無人島。決着は水中か？ それとも陸か？

ティラノサウルス

無尽のスタミナで追いつめる！一瞬のすきをねらって最強カミツキで玉砕する!!

無敵ともいえる圧倒的な攻撃力は最後まで続くか!?

比較

攻撃	5
守備	4
パワー	5
スピード	4
テクニック	4

総合能力 22

体長▶約12m
体重▶約6t

これまでの対戦

1回戦		シードのためバトルなし
2回戦	VS サイカニア	相手の鎧のようなかたい体はすさまじかったが、長いキバでしとめた！
3回戦	VS アランボウルギアニア	巨大なクチバシ攻撃をおそれず、真っ向勝負で相手を撃破した。
準々決勝	VS アルゼンチノサウルス	相手が頭を下げた一瞬のすきをつき、ヘッドアタックでダウンさせた。
準決勝	VS カルカロドントサウルス	両肩にダメージを負いながらも、最後の最後で渾身のカミツキで粉砕！

フルパワーのカミツキをくり出せば無双

強力なアゴの力と、長くて太いキバが最大の武器。渾身のカミツキは、鎧のようなかたい体のサイカニアも、強靭な肉体をもつカルカロドントサウルスも一撃で沈めることができた。また、発達した後ろあしが爆発的なスピードを生み出す。これによってボディアタックやヘッドアタックの威力が高まり、相手を玉砕した。決勝のスピノサウルスに体格はおとる。また、水中では不利だ。自分の能力を最大限発揮できるフィールドで攻撃できるかが、勝利のカギになる。

地球史上最強の生物がついに決まる！

スピノサウルス vs ティラノサウルス

大海原に浮かぶ小さな島

※スピノサウルスは尾を ふって泳ぐことができる。

① 浅瀬だったので、ティラノサウルスは
海での戦いを挑むが、スピノサウルスは
高速でティラノサウルスのあしにかみつく！
水中に引きずりこまれそうな
ティラノサウルスは、必死に逃げる。

② なんとか陸の手前まで来たティラノサウルス。
スピノサウルスは陸に行かせまいと再度突進するが、
ティラノサウルスは尾で一撃をおみまいする！
※ティラノサウルスの尾は、つけ根の筋肉が発達しており、力強い。

③ お互いに攻撃のすきをうかがいながら、一定の距離を保ってじりじりと移動する。ティラノサウルスは、あしを負傷しており動きがおそい。

ダ ダ ダ

※スピノサウルスは、陸では四足歩行で移動速度が比較的ゆっくり。

ズン

④ ティラノサウルスは一瞬のすきを見て正面から突進！するとスピノサウルスはあしのツメをティラノサウルスの肩と口もとにつきさした！

ドドッキ
ドドッキ
ドドッキ

⑤
両者、転がって木に衝突し、ダウン！
どちらもダメージは大きい。
試合続行は不可能か……!?

ハァ
ハッ
ハッ
ハァ

⑥
陽が沈みかけている。すると両者ともなんとか立ち上がった。
そしてにらみ合いながら、相手のすきをうかがう。
体力的に次の攻撃が最後になりそうだ。

⑦ 両者が息をゆっくりはいた瞬間、
ティラノサウルスが突進してかみつく！
スピノサウルスも頭からつっこんだ……！

⑧ スピノサウルスは無理やり口の中に頭を押しこむ！
必死にかみ砕こうとしたティラノサウルスだったが、
あと一歩のところでくずれ落ちた……。
長時間のバトルでアゴの力も体力も残っていなかったのだった。

スピノサウルスの優勝

最終結果発表！

優勝 **スピノサウルス**
接近戦でクロー＆バイト！

水中でも陸の戦いでもダメージ覚悟で接近し、相手にツメをつきさして動きを封じた。ティラノサウルスとの体力勝負にも勝利！

準優勝 **ティラノサウルス**
渾身のカミツキで撃破！

一瞬のスピードがすさまじく、体のパワーで圧倒。苦戦しても最後は強力なアゴとするどいキバで決着をつけた。

3位 **モササウルス**
かむ力は海洋生物 No.1

3位 **カルカロドントサウルス**
強力なアゴで敵を粉砕！

印象に残ったバトルの名場面

1回戦

▲ミンミが雪玉になってユウティランヌスに激突した。

2回戦

▲エオシノプテリクスがアルゼンチノサウルスにまさかの黒板消し攻撃。

3回戦

◀灯台の光に照らされ、プテラノドンはモササウルスに見つかった。

準々決勝

▲テリジノサウルスは2頭で挑むもお互いのツメで自滅。

準決勝

▲ティラノサウルスとカルカロドントサウルスのカミツキ合いは大迫力！

決勝

▶ティラノサウルスはスピノサウルスのツメで口をさされていたことで、最後、アゴの力が入らなかった。

恐竜カップ
特別賞授与式

惜しくも敗れた生物に活躍内容に応じた特別賞を授与。
実力者がひしめくなか、小さな生物が巨大生物を
負かすなど波乱が目立った今大会をふり返る。

パワフル賞　ギガノトサウルス

2試合は、必殺技のする
どいキバでの攻撃ではな
く、14メートルという
巨体の力で勝利。準々決
勝で負けるが、海の中で
もパワフルな戦いぶり
だった。

2回戦にて3頭のイグアノドンが突進し
てくるが、ボディアタックで一気にふき飛
ばした。

テクニカル賞　テリジノサウルス

走るのがおそく、ワザの
種類も少ないが、巨大な
ツメでの不意打ち攻撃や
カウンター攻撃が随所に
光った。

2回戦にて滝からダイブしてくる2頭の
ミンミのおかなに、ツメをつきさした場
面。ミンミはおなかが弱点だった。

フットワーク賞　ディノニクス

俊敏な動きで相手を翻弄
し、どんな攻撃もかわし
続けた。巨体に対しても
高くジャンプして後ろあ
しのツメをつきさした。

2回戦にて逃げ場がなくなるが、石垣を
ジャンプ台にして宙返りキックをアロサウ
ルスにおみまい。

各賞の概要

- **パワフル賞** ……… 打撃やカミツキなど、一撃で大きなダメージをあたえた生物。
- **テクニカル賞** ……… 予測できないようなワザや戦略で敵の弱点やすきをねらった生物。
- **フットワーク賞** ……… フィールドを広く使い、攻防の激しい展開を演出した生物。
- **タフネス賞** ……… ダメージを負いながらも逃げずに攻撃の手を止めなかった生物。
- **ファイティング賞** ……… 体格差や身体能力の差があっても正面から挑んだ生物。
- **チームワーク賞** ……… それぞれの役割をもってなかまと戦略的なれんけいをした生物。

タフネス賞　カルカロドントサウルス

勝利した3試合はいずれも相手の攻撃でダメージを負った。絶体絶命の状況でも、ボロボロの体にムチを打ち、最後まであきらめなかった。

3回戦にてケツァルコアトルスの突進を受けて丘から転落。全身を強打して動けないなか、最後は執念で頭つきを入れた。

ファイティング賞　プテラノドン

空からの突進は一か八かの攻撃。かわされるとなにもできなくなることをわかっていながら、何度もチャレンジした。

2回戦にてエラスモサウルスが水面に浮上してくる一瞬をねらい、高速で口の中に突撃した。

チームワーク賞　タルボサウルス

2回戦は子どもとれんけいして戦った。勝利した1回戦ではオロドロメウスの子どもに同情した瞬間があった。

2回戦にてタルボサウルスの子どもが、トルヴォサウルスのまたの下を走って注意をそらすことに成功。

191

編著者 Creatures Journey（クリーチャーズ ジャーニー）

生物学とは異なる視点で生き物に関する独自の研究・情報収集を行う。あらゆる調査資料をもとに生き物の生態や危険性を考察し、ときには自然界では出会わないであろう生物同士の戦いをシミュレーションする。

イラスト	合間太郎（イーループ）、あおひと、怪人ふくふく、川崎悟司、精神暗黒街こう、永井啓太、七海ルシア、なんばきび、西村光太、山崎太郎
デザイン	芝 智之
写真提供	アマナイメージズ、アフロ、Getty Images
編集協力	セトオドーピス

頂上決戦！
恐竜 最強王決定戦

2024 年 6 月 20 日発行　第 1 版

編著者	Creatures Journey
発行者	若松和紀
発行所	株式会社 西東社

〒113-0034　東京都文京区湯島 2-3-13
https://www.seitosha.co.jp/
電話　03-5800-3120（代）

※本書に記載のない内容のご質問や著者等の連絡先につきましては、お答えできかねます。

ISBN　978-4-7916-3365-4